초등영어 리딩이 된다 Jump 4

지은이	NE능률 영어교육연구소
선임연구원	김지현
연구원	서수진 권영주 김그린
영문교열	August Niederhaus MyAn Thi Le Nathaniel Galletta
디자인	(주)홍당무
내지 일러스트	곽호명 민인숙 안홍준 오즈 조화평 최원선
영업	한기영 주성탁 박인규 정철교 장순용
마케팅	정영소 박혜선 오하야
제작	한성일 김동훈 심현보

Photo Credits Shutterstock
Wikimedia Commons

초등영어
리딩이
된다
Jump 4

초등영어 리딩이 된다 로 공부하면?

1 학교에서 배운 지식을 바탕으로 영어 독해를 할 수 있습니다.

영어를 언어 그 자체로 익히기 위해서는 '내용 중심'의 접근이 중요합니다. 〈초등영어 리딩이 된다〉 시리즈는 우리나라 초등학교 교과과정을 바탕으로 소재를 구성하였습니다. 이 책으로 학생들은 이미 알고 있는 친숙한 소재를 통해 영어를 더욱 재미있고 효과적으로 학습할 수 있을 뿐 아니라 교과 지식과 관련된 영어를 자연스럽게 습득할 수 있습니다.

2 통합교과적 사고를 키울 수 있습니다.

초등학생들은 학교에서 국어, 영어, 사회, 과학 등의 과목을 따로 분리하여 배웁니다. 하지만 실생활에서는 학교에서 공부하는 교과 지식이 모두 연관되어 있습니다. 따라서 교과 간의 단절된 지식이 아닌, 하나의 주제를 다양한 교과목의 관점에서 생각할 수 있는 '통합교과적 사고'를 기르는 것이 중요합니다. 〈초등영어 리딩이 된다〉 시리즈는 하나의 대주제를 중심으로 다양한 교과를 연계하여, 영어를 배우면서 동시에 통합적 사고를 키울 수 있습니다.

3 4차 산업혁명의 키워드인 '컴퓨팅 사고력'도 함께 기를 수 있습니다.

최근 4차 산업혁명과 함께 코딩 교육을 향한 관심이 높아지고 있습니다. 이러한 트렌드의 핵심은 단순히 코딩 기술을 익히는 것이 아닌, 컴퓨팅 사고력과 창의성을 통해 주어진 문제의 본질을 파악하고 이를 해결하는 능력을 기르는 것입니다. 〈초등영어 리딩이 된다〉 시리즈는 매 Unit의 Brain Power 코너를 통해 배운 내용을 정리하는 동시에 컴퓨팅 사고력을 기를 수 있도록 구성하였습니다.

초등영어 리딩이 된다 이렇게 공부하세요.

1. 자신 있게 학습할 수 있는 단계를 선택해요.

〈초등영어 리딩이 된다〉 시리즈는 학생 개인의 영어 실력에 따라 단계를 선택하여 학습할 수 있는 교재입니다. 각 권별 권장 학년에 맞춰 교재를 선택하거나, 레벨 테스트를 통하여 자신의 학습 상황에 맞는 교재를 선택해 보세요. www.nebooks.co.kr/leveltest에 접속해서 〈초등영어 리딩이 된다〉 레벨 테스트를 무료로 응시하고 나에게 딱 맞는 교재를 추천받으세요.

2. 나만의 학습 플랜을 짜보아요.

책의 7쪽에 있는 학습 플랜을 참고해서 나만의 학습 계획표를 짜 보세요. 한 개 Unit을 이틀에 나눠서 학습하는 24일 완성 플랜과, 하루에 한 개 Unit을 학습하는 12일 완성 플랜 중 꼭 지킬 수 있는 플랜을 선택하여 계획을 세우고, 실천해 보세요!

3. 다양한 주제에 관한 생각을 키워요.

Chapter나 Unit을 시작할 때마다 주제에 관해 생각해볼 수 있는 다양한 질문이 수록되어 있습니다. 이 질문들에 답을 하는 과정에서 다양한 주제에 관한 배경지식을 활성화시켜 학습에 대한 집중도와 이해도를 더 높일 수 있어요!

4. 리딩에 나올 단어들을 반복해서 암기해요.

〈초등영어 리딩이 된다〉 시리즈는 본격적인 리딩을 시작하기 전, 리딩에 나오는 단어들을 먼저 학습할 수 있도록 구성되어 있습니다. 단어를 암기한 후 리딩을 시작하면 리딩 내용에 집중하는 데 큰 도움이 됩니다. 단어들을 미리 다 암기하지 못한다면 리딩을 하는 동안 책 뒷부분의 단어장을 같이 이용해보세요. 리딩에 나오는 주요 단어들의 뜻을 바로 확인할 수 있어 직독직해에 도움을 얻을 수 있어요.

5. 무료 온라인 부가자료를 활용해요.

영어는 반복이 중요합니다. NE능률 교재 홈페이지 www.nebooks.co.kr에서 제공되는 통문장 워크시트, 직독직해 워크시트, 어휘 테스트지를 활용하여 배운 내용을 복습해 보세요.

구성 및 활용법

STEP 01 Ready

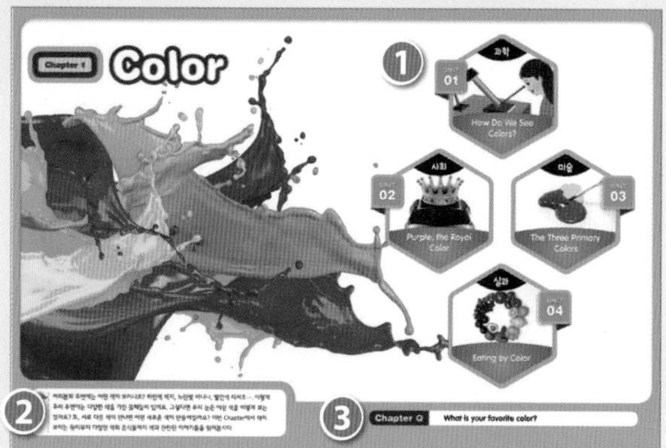

❶ 하나의 대주제로 과목들이 어떻게 연계되어 있는지 한눈에 파악할 수 있습니다.

❷ 본격적인 학습 전 Chapter의 대주제와 관련된 설명을 읽고 Chapter에서 배울 내용을 파악할 수 있습니다.

❸ Chapter 대주제와 관련된 질문에 답하며 뒤에 이어질 내용을 생각해봅니다.

STEP 02 Words

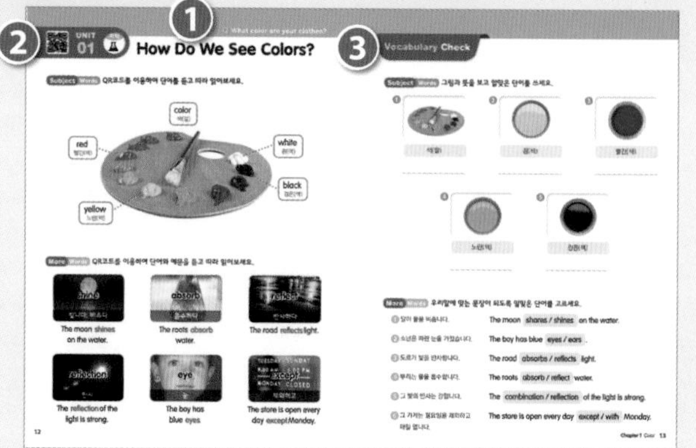

Unit의 새로운 단어를 배우고 활동들을 통해 단어를 익힐 수 있습니다.

❶ Unit과 관련된 질문에 답하며 뒤에 이어질 내용을 생각해봅니다.

❷ QR코드를 스캔하여 Unit에서 배울 주요 단어를 듣고 따라 읽어봅니다.

- Subject Words: 이야기와 관련된 주제 단어를 머릿속으로 시각화하여 익힙니다.
- More Words: 기타 주요 단어들을 사진과 예문으로 익힙니다.

❸ 두 가지 유형의 어휘 문제를 통해 단어를 정확히 알고 있는지 확인 합니다.

STEP 05 Wrap UP!

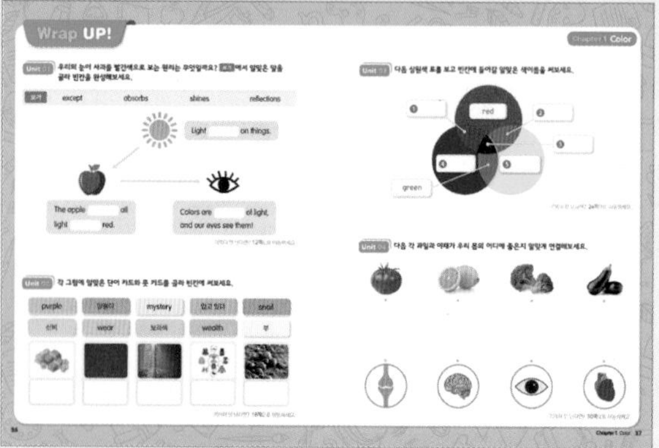

한 Chapter가 끝나면 Wrap UP! 문제를 통해 다시 한번 Chapter의 내용을 복습합니다.

+a 추가 학습자료 Workbook

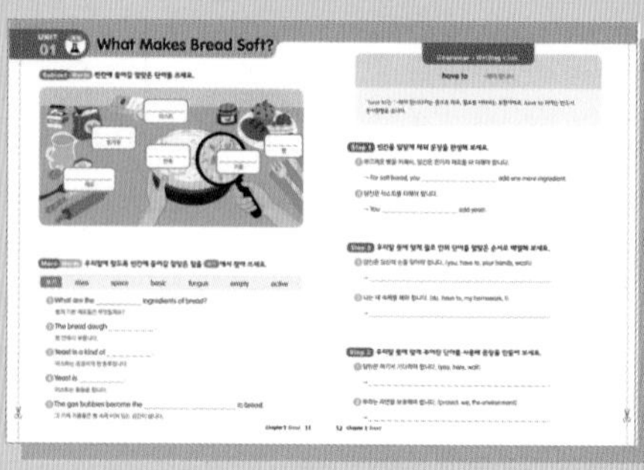

매 Unit 학습 후 워크북으로 주요 단어와 핵심 문법을 복습할 수 있습니다.

STEP 03 Reading

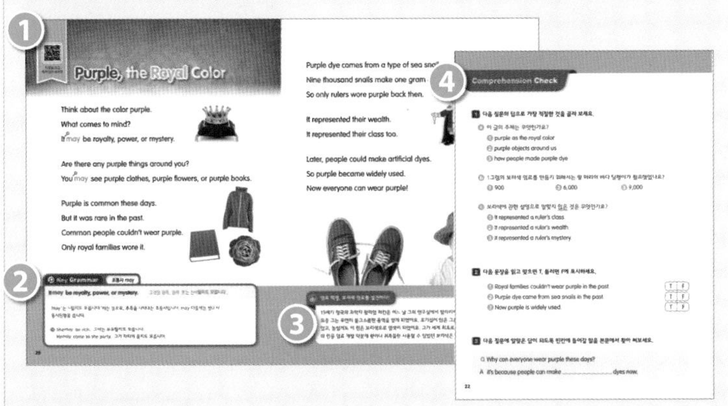

Unit에서 새롭게 배울 이야기를 읽고 확인 문제를 풀어봅니다.

1. QR코드를 스캔하여 이야기를 듣고 따라 읽어봅니다.
2. 이야기에서 쓰인 핵심 문법(Key Grammar)을 배우고, 추가 예문을 통해 다양한 예시도 배웁니다.
3. 이야기와 관련된 배경지식을 쌓을 수 있습니다.
4. 글의 주제 찾기, 세부 내용 확인하기, T/F 문제, 영어 질문에 답하기 활동을 통해 앞서 배운 내용을 정리합니다.

STEP 04 Brain Power

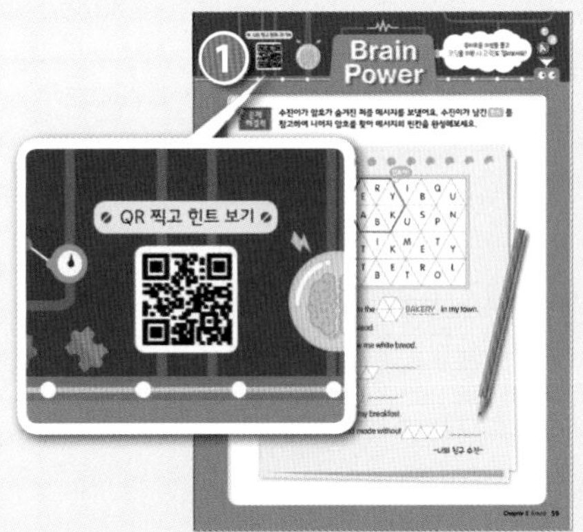

재미있는 퀴즈를 풀며 코딩을 위한 컴퓨팅 사고력을 기르고 Unit에서 배운 내용을 점검합니다.

1. QR코드를 스캔하면 각 문제의 힌트 영상을 볼 수 있습니다.

별책부록 - 단어장

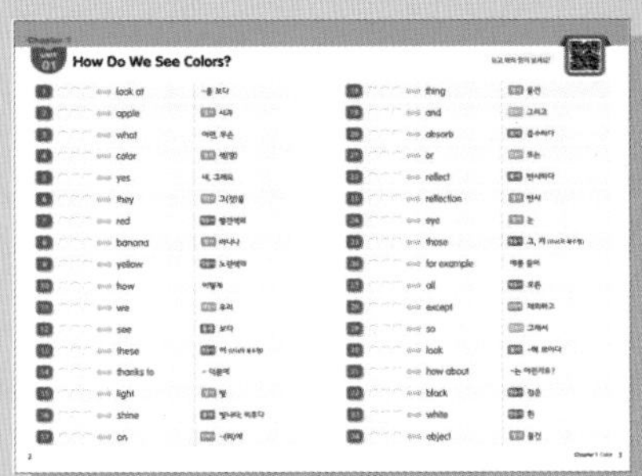

본문의 해석을 돕는 풍부한 단어 리스트가 들어있어, 단어를 예·복습 할 수 있습니다.

모바일 Teaching Guide

QR코드를 스캔하면 지도에 유용한 팁, 배경지식, 관련 영상 등을 활용하여 편리하게 지도하실 수 있습니다.

온라인 레벨테스트

QR코드를 스캔하여 레벨테스트를 응시하면 학생의 학습 상황에 맞는 교재를 추천받을 수 있습니다.

무료 부가서비스

• 통문장, 직독직해 워크시트 • 어휘 테스트지

www.nebooks.co.kr 에서 다운로드하세요!

목차

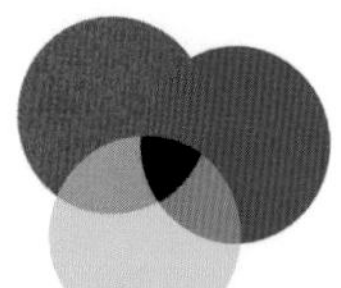
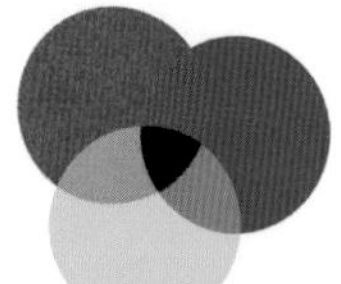

Chapter 1. Color

Chapter 2. Bread

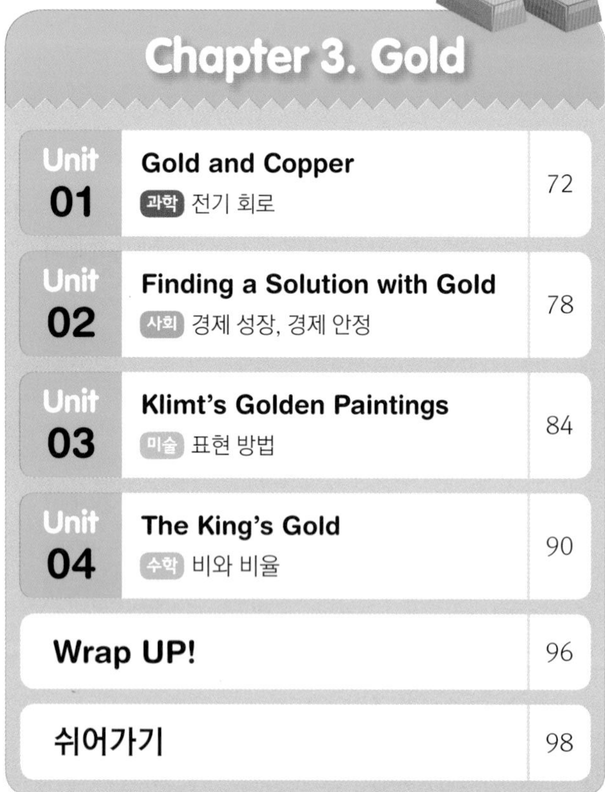

Chapter 3. Gold

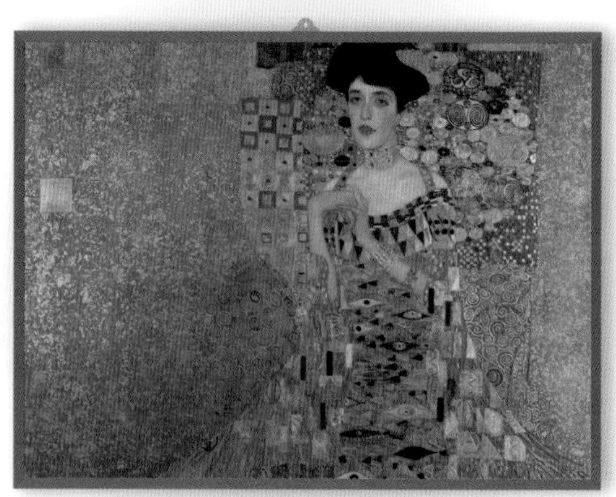

부록

24일 완성

하루에 Student Book 한 개 Unit을 학습하고
다음 날 Workbook 및 온라인 부가자료로 복습하는 구성입니다.

Chapter	Unit	학습 분량	학습 날짜	학습 분량	학습 날짜
Chapter 1	Unit 01	1일차 Student Book	__월 __일	2일차 Workbook	__월 __일
	Unit 02	3일차 Student Book	__월 __일	4일차 Workbook	__월 __일
	Unit 03	5일차 Student Book	__월 __일	6일차 Workbook	__월 __일
	Unit 04	7일차 Student Book	__월 __일	8일차 Workbook	__월 __일
Chapter 2	Unit 01	9일차 Student Book	__월 __일	10일차 Workbook	__월 __일
	Unit 02	11일차 Student Book	__월 __일	12일차 Workbook	__월 __일
	Unit 03	13일차 Student Book	__월 __일	14일차 Workbook	__월 __일
	Unit 04	15일차 Student Book	__월 __일	16일차 Workbook	__월 __일
Chapter 3	Unit 01	17일차 Student Book	__월 __일	18일차 Workbook	__월 __일
	Unit 02	19일차 Student Book	__월 __일	20일차 Workbook	__월 __일
	Unit 03	21일차 Student Book	__월 __일	22일차 Workbook	__월 __일
	Unit 04	23일차 Student Book	__월 __일	24일차 Workbook	__월 __일

12일 완성

하루에 Student Book 한 개 Unit을 학습하고 Workbook으로 정리하는 구성입니다.
온라인 부가자료를 다운받아 추가로 복습할 수 있습니다.

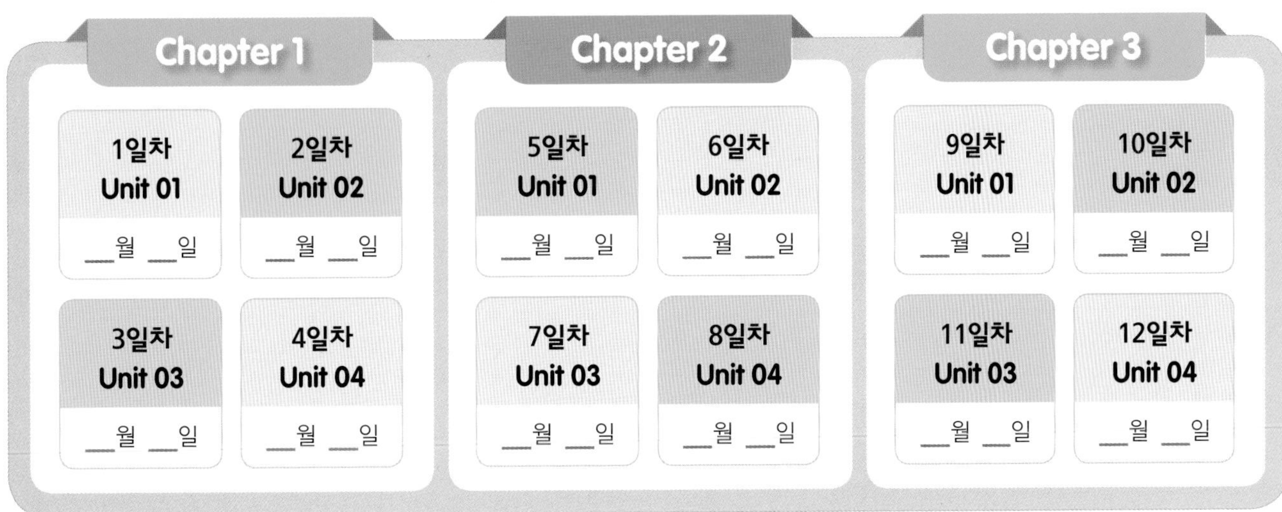

Jump 전권 커리큘럼

단계	Chapter	대주제	Unit	제목	연계 과목	초등 교육과정 내용 체계	
						영 역	핵심 개념
Jump 1 (90 words) 초등 5-6학년	1	Stars	1	Changing Stars	과학	우주	태양계의 구성과 운동
			2	Twinkle, Twinkle, Little Star	음악	감상	음악의 배경
			3	The Hubble Space Telescope	실과	기술 활용	혁신
			4	The Oldest Observatory in Asia	사회	정치·문화사	삼국의 성장과 통일
	2	Plants	1	Different Areas, Different Plants	사회	자연 환경과 인간 생활	지형 환경
			2	Plants Make Their Own Food	과학	생물의 구조와 에너지	광합성과 호흡
			3	Water Lilies	미술	감상	이해
			4	Numbers in Nature	수학	규칙성	규칙성과 대응
	3	Relationships	1	We Live Together	사회	지속 가능한 세계	갈등과 불균등의 세계
			2	Food Chains and Food Webs	과학	환경과 생태계	생태계와 상호 작용
			3	Good Relationships through Sports	체육	경쟁	경쟁·협동, 대인 관계
			4	Three Friends: Gram, Kilogram, and Ton	수학	측정	양의 측정
Jump 2 (90 words) 초등 5-6학년	1	Money	1	The History of Money	사회	경제	경제생활과 선택
			2	Smart Vending Machine	과학	물질의 성질	물리적 성질과 화학적 성질
			3	Andy Warhol: Art and Money	미술	감상	이해
			4	How Can I Pay?	수학	자료와 가능성	가능성
	2	Salt	1	Salt, the White Gold	사회	경제	경제생활과 선택
			2	Does the Sea Freeze?	과학	물질의 성질	물리적 성질과 화학적 성질
			3	Huge Artwork Made of Salt	미술	감상	이해
			4	Which Seawater Is Saltier?	수학	규칙성	규칙성과 대응
	3	Environment	1	Cars for the Environment	사회	지속가능한 세계	지속가능한 환경
			2	Plastic Island	과학	환경과 생태계	생태계와 상호 작용
			3	Green Buildings in Cities	미술	표현	제작
			4	Special Farming with Ducks	실과	기술 활용	지속가능

단계	Chapter	대주제	Unit	제목	연계 과목	초등 교육과정 내용 체계	
						영역	핵심 개념
Jump 3 (100 words) 초등 5-6학년	1	Music	1	Seodong's Song	사회	정치·문화사	삼국의 성장과 통일
			2	Copyright	실과	기술 활용	혁신
			3	Painting Music	미술	체험	연결
			4	Math in Harmony	수학	규칙성	규칙성과 대응
	2	Architecture	1	I Want to Be an Architect	실과	기술 활용	적응
			2	Hwaseong Fortress	사회	정치·문화사	전란과 조선 후기 사회의 변동
			3	Gaudi's Unique Architecture	미술	표현	발상
			4	Different Types of Pyramids	수학	도형	입체도형
	3	Ice	1	Water and Ice	과학	물질의 변화	물질의 상태 변화
			2	The Arctic and the Antarctic	사회	자연 환경과 인간 생활	기후 환경
			3	Winter Festivals	미술	체험	연결
			4	Which Piece of Ice Is Bigger?	수학	측정	양의 측정
Jump 4 (100 words) 초등 5-6학년	1	Color	1	How Do We See Colors?	과학	파동	파동의 성질
			2	Purple, the Royal Color	사회	사회·경제사	신분제의 변화
			3	The Three Primary Colors	미술	표현	제작
			4	Eating by Color	실과	가정 생활과 안전	생활 문화
	2	Bread	1	What Makes Bread Soft?	과학	생명과학과 인간의 생활	생명공학 기술
			2	Breads from Around the World	사회	인문환경과 인간 생활	문화의 공간적 다양성
			3	Painter's Bread	미술	표현	제작
			4	Why Are Pizzas Round?	수학	도형	평면도형
	3	Gold	1	Gold and Copper	과학	전기와 자기	전기
			2	Finding a Solution with Gold	사회	경제	국가 경제
			3	Klimt's Golden Paintings	미술	표현	제작
			4	The King's Gold	수학	규칙성	규칙성과 대응

Chapter 1 Color

여러분의 주변에는 어떤 색이 보이나요? 하얀색 벽지, 노란빛 바나나, 빨간색 티셔츠…. 이렇게 우리 주변에는 다양한 색을 가진 물체들이 있어요. 그렇다면 우리 눈은 이런 색을 어떻게 보는 걸까요? 또, 서로 다른 색이 만나면 어떤 새로운 색이 만들어질까요? 이번 Chapter에서 색이 보이는 원리부터 다양한 색의 음식들까지 색과 관련된 이야기들을 읽어봅시다.

사회

UNIT 02

Purple, the Royal Color

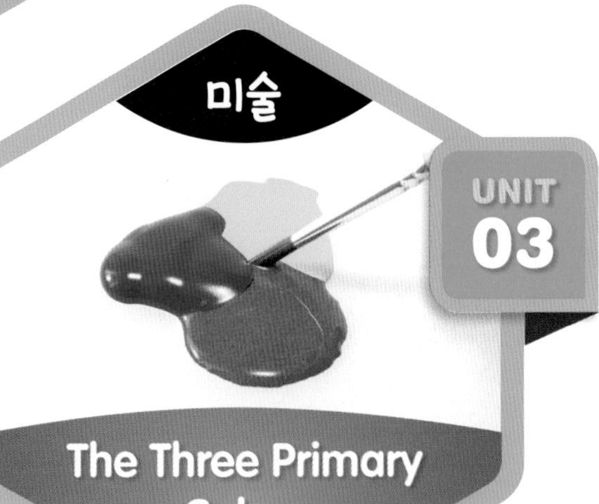

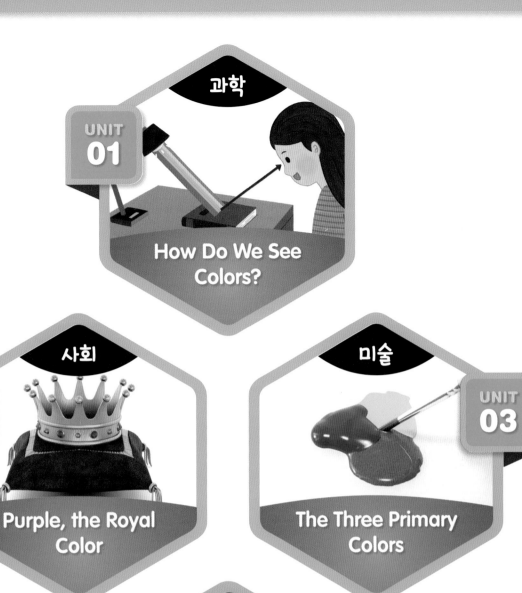

Chapter Q What is your favorite color?

How Do We See Colors?

Subject Words QR코드를 이용하여 단어를 듣고 따라 읽어보세요.

More Words QR코드를 이용하여 단어와 예문을 듣고 따라 읽어보세요.

The moon shines on the water.

The roots absorb water.

The road reflects light.

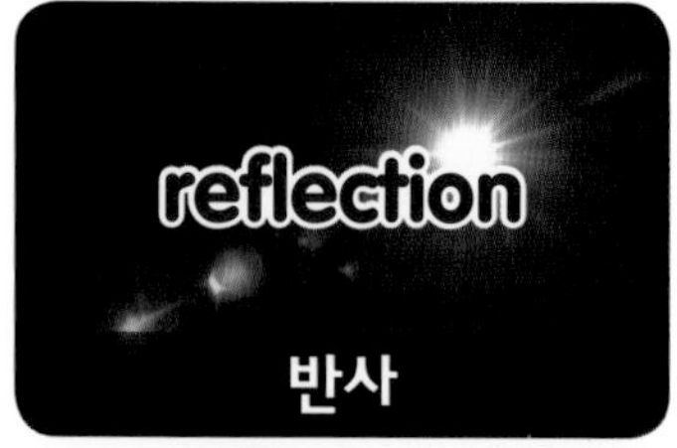

The reflection of the light is strong.

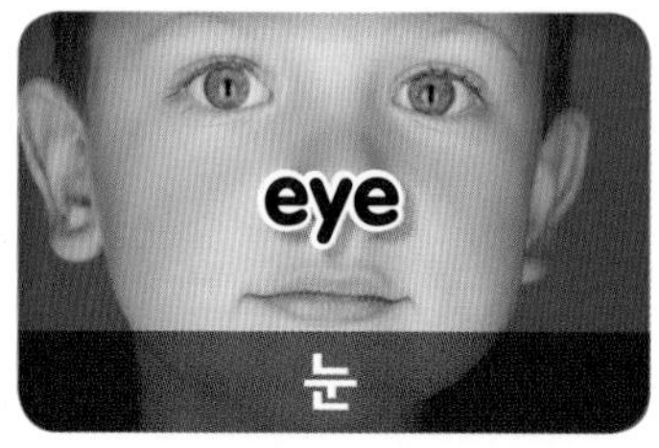

The boy has blue eyes.

TUESDAY - SUNDAY
9.00 AM - 6.00 PM
except
MONDAY CLOSED
제외하고

The store is open every day except Monday.

Vocabulary Check

Subject Words 그림과 뜻을 보고 알맞은 단어를 쓰세요.

1. 색(깔) ____________
2. 흰(색) ____________
3. 빨간(색) ____________

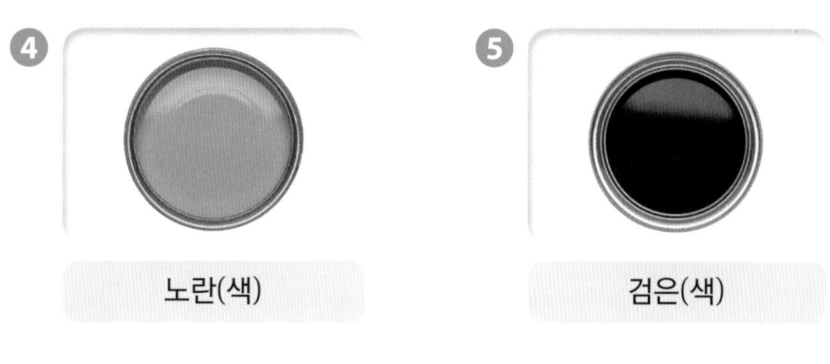

4. 노란(색) ____________
5. 검은(색) ____________

More Words 우리말에 맞는 문장이 되도록 알맞은 단어를 고르세요.

1. 달이 물을 비춥니다. — The moon shares / shines on the water.
2. 소년은 파란 눈을 가졌습니다. — The boy has blue eyes / ears .
3. 도로가 빛을 반사합니다. — The road absorbs / reflects light.
4. 뿌리는 물을 흡수합니다. — The roots absorb / reflect water.
5. 그 빛의 반사는 강합니다. — The combination / reflection of the light is strong.
6. 그 가게는 월요일을 제외하고 매일 엽니다. — The store is open every day except / with Monday.

How Do We See Colors?

Look at the apples.

What color are the apples?

Yes, they are red.

Look at the bananas.

What color are the bananas?

Yes, they are yellow.

How do we see these colors?

We see colors thanks to light.

Key Grammar 의문형용사 what

What color are the apples? 그 사과들은 어떤 색인가요?

'what'은 '어떤 ~', '무슨 ~'이라는 뜻으로, 의문문에 쓰이는 의문사이면서 동시에 바로 뒤에 있는 명사를 꾸며주는 역할도 하는 의문형용사입니다.

예 What song do you want to sing? 당신은 어떤 노래를 부르고 싶나요?
What sports do you like? 당신은 무슨 운동을 좋아하나요?

Light shines on things.

And things absorb or reflect light.

Colors are reflections of light.

And our eyes see those reflections.

For example, apples absorb all light except red light.

So they look red.

Bananas absorb all light except yellow light.

So they look yellow.

How about black and white colors?

Black objects absorb all light. So they look black.

White objects reflect all light. So they look white!

무지개는 어떻게 생길까?

빨강, 주황, 노랑, 초록, 파랑, 남색, 보라. 비가 내리고 난 뒤 햇빛이 나면 이 일곱 색깔의 무지개가 하늘에 걸려있는 것을 볼 수 있어요. 이 무지개는 어떻게 만들어지는 걸까요? 무지개는 햇빛이 공중에 있는 물방울을 만나 분산되어 만들어져요. 물방울이 프리즘과 같은 역할을 하는 것이죠. 햇빛은 우리의 눈으로 보면 색이 없는 것처럼 보이지만 실제로는 여러 가지 빛깔이 섞여 있답니다.

Comprehension Check

1 다음 질문의 답으로 가장 적절한 것을 골라 보세요.

ⓐ 이 글의 주제는 무엇인가요?

① how we see colors

② red apples and yellow bananas

③ the difference between color and light

ⓑ 사물이 모든 빛을 흡수하면 우리 눈에 무슨 색으로 보이나요?

① red ② white ③ black

ⓒ 빛과 색에 관한 설명으로 알맞지 않은 것은 무엇인가요?

① Colors are reflections of light.

② We see colors thanks to light.

③ Red apples reflect all light except red light.

2 다음 문장을 읽고 맞으면 T, 틀리면 F에 표시하세요.

① Light shines on things. T F

② Bananas look yellow because they absorb yellow light. T F

③ White objects reflect all light, and black objects absorb all light. T F

3 다음 질문에 알맞은 답이 되도록 빈칸에 공통으로 들어갈 말을 본문에서 찾아 써보세요.

Q How do we see colors?

A We see colors thanks to light. Colors are ____________ of light.
And our eyes see those ____________.

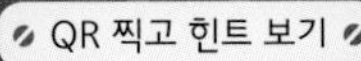

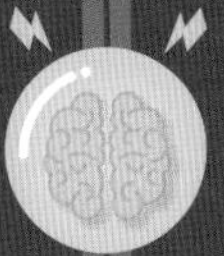

Brain Power

흥미로운 미션을 풀고
코딩을 위한 사고력도 길러보세요!

1 절차적 사고력

공에 적힌 숫자는 그 공을 둘러싼 선분의 개수를 나타냅니다. 공에 적힌 숫자만큼 선분을 알맞게 연결하여 선분 안쪽의 알파벳들로 단어를 만들고 그 뜻을 써보세요.

①

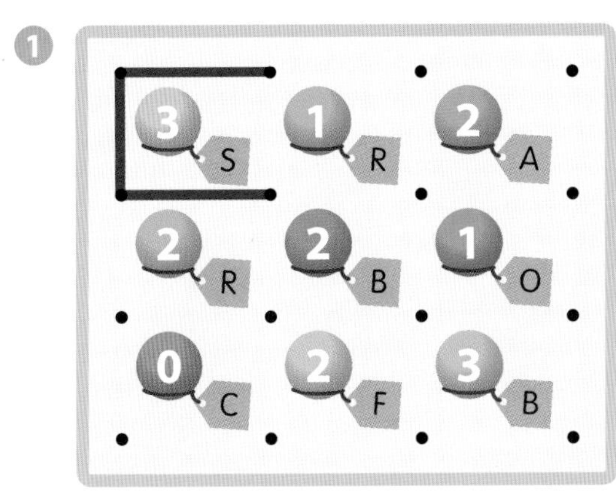

단어: | 뜻:

②

1 L | 2 T | 3 N
3 S | 1 I | 2 E
2 O | 3 H | 2 G

단어: | 뜻:

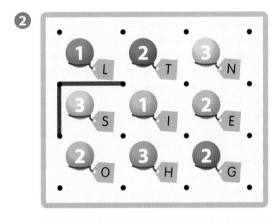

네 명의 친구들은 서로 다른 색 모자의 주인입니다. 각 모자의 알맞은 주인을 찾아 연결해보세요.

My hat reflects all light.

My hat doesn't reflect yellow light.

My hat absorbs all light.

My hat doesn't absorb yellow light.

Q Do you like the color purple? Yes ☐ No ☐

Purple, the Royal Color

Subject Words QR코드를 이용하여 단어를 듣고 따라 읽어보세요.

More Words QR코드를 이용하여 단어와 예문을 듣고 따라 읽어보세요.

A great idea comes to mind.

This is a place of mystery.

We get natural dyes from plants.

Some snails live in fresh water.

There are artificial flowers on the table.

The book is widely read.

Vocabulary Check

Subject Words 그림과 뜻을 보고 알맞은 단어를 쓰세요.

1 보라색 ____________

2 국왕의 ____________

3 왕족 ____________

4 입고 있다 ____________

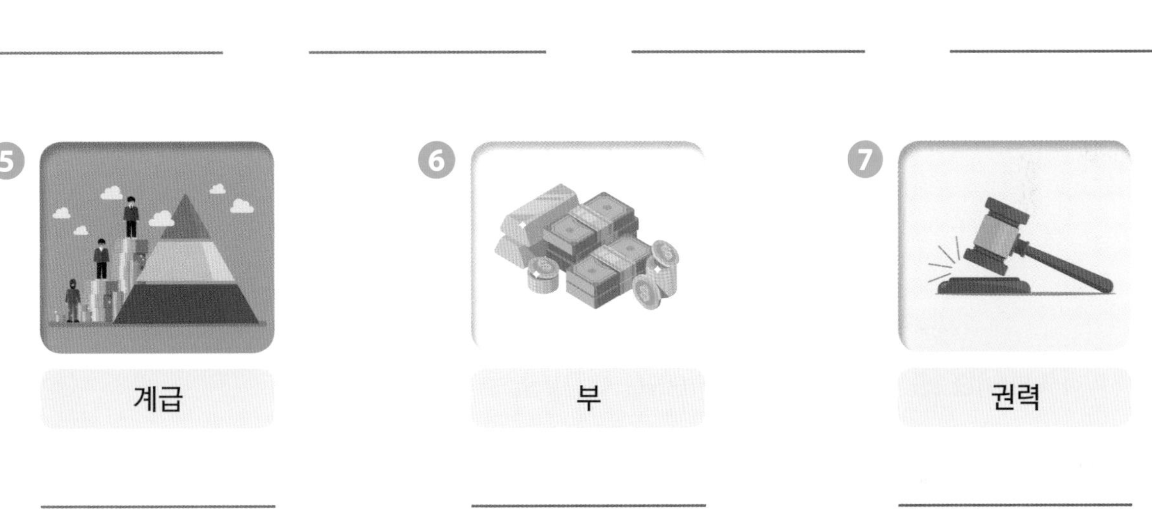

5 계급 ____________

6 부 ____________

7 권력 ____________

More Words 우리말에 맞는 문장이 되도록 알맞은 단어를 고르세요.

1 그 책은 널리 읽힙니다. The book is freely / widely read.

2 이 곳은 신비의 장소입니다. This is a place of mystery / history .

3 어떤 달팽이들은 담수에 삽니다. Some snails / frogs live in fresh water.

4 좋은 생각이 마음 속에 떠올랐습니다. A great idea comes to body / mind .

5 우리는 식물로부터 천연 염료를 얻습니다. We get natural dyes / fertilizers from plants.

6 식탁 위에 인공 꽃이 있습니다. There are artificial / natural flowers on the table.

지문을 듣고
따라 읽어보세요.

Purple, the Royal Color

Think about the color purple.
What comes to mind?
It may be royalty, power, or mystery.

Are there any purple things around you?
You may see purple clothes, purple flowers, or purple books.

Purple is common these days.
But it was rare in the past.
Common people couldn't wear purple.
Only royal families wore it.

Key Grammar 조동사 may

It may be royalty, power, or mystery. 그것은 왕족, 권력, 또는 신비일지도 모릅니다.

'may'는 '~일지도 모릅니다'라는 뜻으로, 추측을 나타내는 조동사입니다. may 다음에는 반드시 동사원형을 씁니다.

예 She may be rich. 그녀는 부유할지도 모릅니다.
He may come to the party. 그가 파티에 올지도 모릅니다.

Purple dye comes from a type of sea snail.

Nine thousand snails make one gram of dye.

So only rulers wore purple back then.

It represented their wealth.

It represented their class too.

Later, people could make artificial dyes.

So purple became widely used.

Now everyone can wear purple!

염료 혁명, 보라색 염료를 발견하다!

19세기 영국의 과학자 윌리엄 퍼킨은 어느 날 그의 연구실에서 말라리아 치료약을 연구중이었어요. 연구 도중 그는 우연히 불그스름한 용액을 얻게 되었어요. 호기심이 많은 그는 이 용액으로 천에 염색을 해보았고, 놀랍게도 이 천은 보라색으로 염색이 되었어요. 그가 세계 최초로 인공 염료를 만든 것이었죠! 퍼킨의 인공 염료 개발 덕분에 왕이나 귀족들만 사용할 수 있었던 보라색은 널리 사용될 수 있게 되었답니다.

Comprehension Check

1 다음 질문의 답으로 가장 적절한 것을 골라 보세요.

ⓐ 이 글의 주제는 무엇인가요?

① purple as the royal color
② purple objects around us
③ how people made purple dye

ⓑ 1그램의 보라색 염료를 만들기 위해서는 몇 마리의 바다 달팽이가 필요했었나요?

① 900 ② 6,000 ③ 9,000

ⓒ 보라색에 관한 설명으로 알맞지 않은 것은 무엇인가요?

① It represented a ruler's class.
② It represented a ruler's wealth.
③ It represented a ruler's mystery.

2 다음 문장을 읽고 맞으면 T, 틀리면 F에 표시하세요.

① Royal families couldn't wear purple in the past. T : F
② Purple dye came from sea snails in the past. T : F
③ Now purple is widely used. T : F

3 다음 질문에 알맞은 답이 되도록 빈칸에 들어갈 말을 본문에서 찾아 써보세요.

Q Why can everyone wear purple these days?

A It's because people can make ______________ dyes now.

QR 찍고 힌트 보기

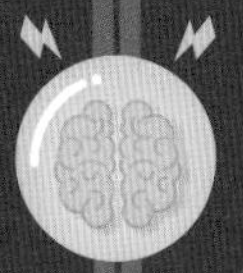

Brain Power

흥미로운 미션을 풀고 코딩을 위한 사고력도 길러보세요!

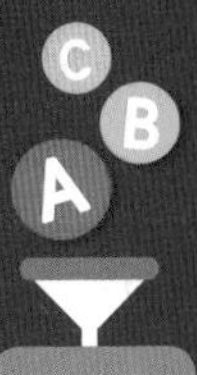

1 절차적 사고력 쪽지에 여러 가지 색깔과 알파벳이 하나씩 쓰여 있어요. 쪽지와 단서 를 참고하여 암호를 풀고 그 뜻을 써보세요.

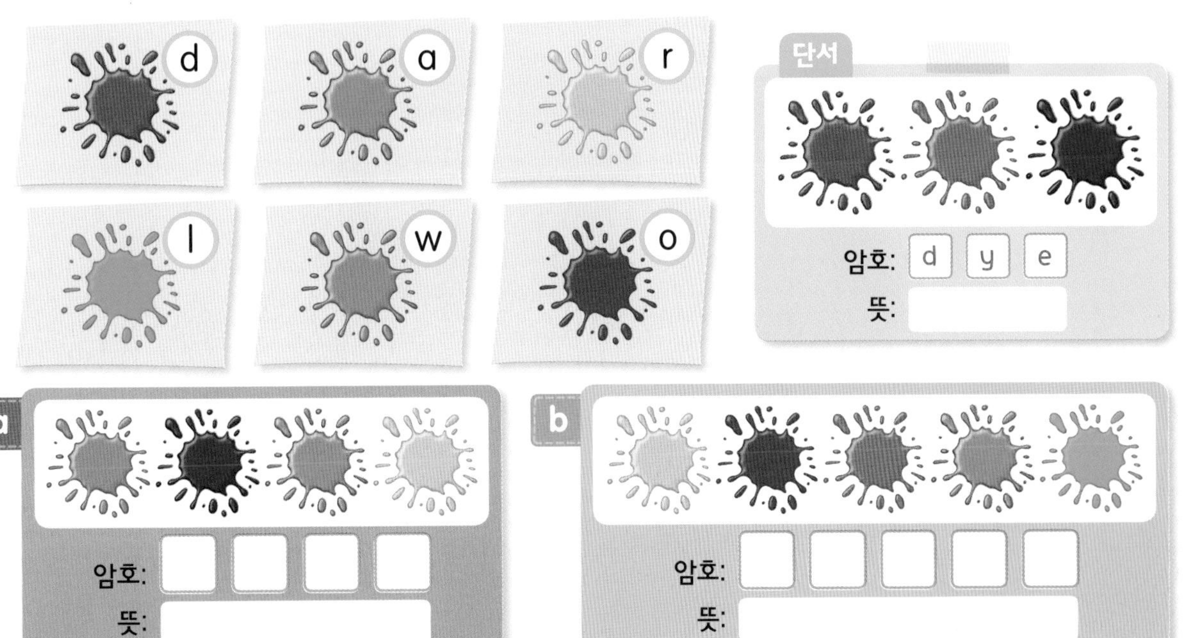

2 문제 해결력 다섯 명의 친구가 Yuna에게 각자 한 가지씩 힌트를 주며 퀴즈를 내고 있습니다. 아래 빈칸에 퀴즈의 정답을 쓰고 잘못된 힌트를 준 친구에 V 표시하세요.

☐ This is widely used these days.

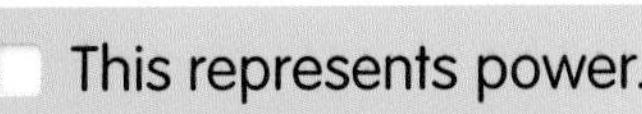

☐ Only common people could wear this in the past.

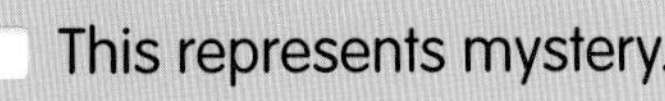

☐ People got this from sea snails in the past.

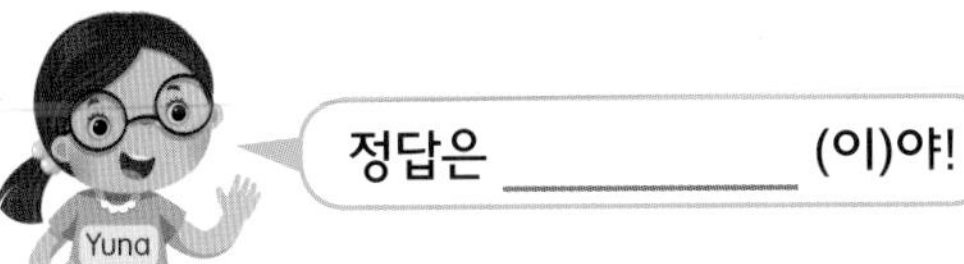

UNIT 03

The Three Primary Colors

Subject Words QR코드를 이용하여 단어를 듣고 따라 읽어보세요.

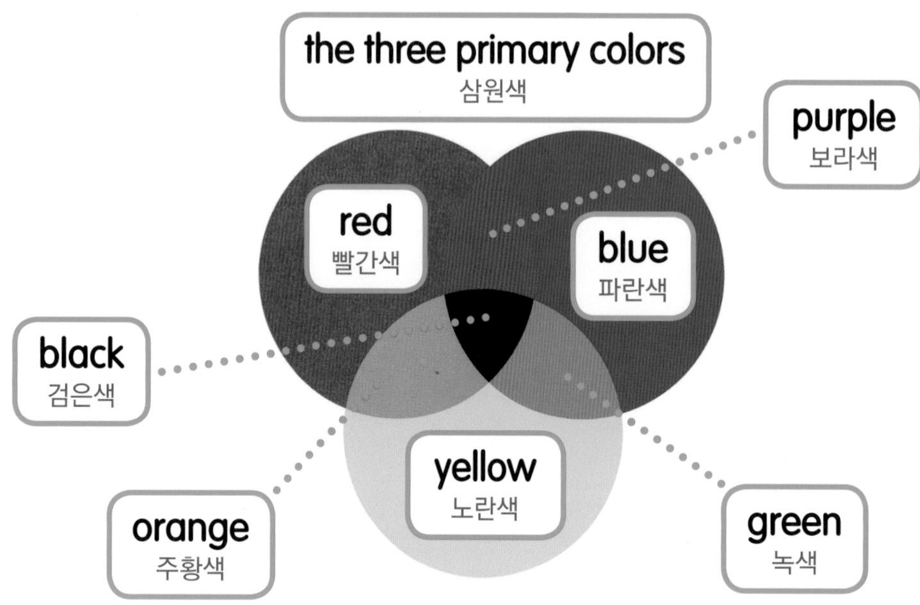

More Words QR코드를 이용하여 단어와 예문을 듣고 따라 읽어보세요.

There are many colors on the palette.

The two lines look different. In fact, they are the same length.

Let's mix red and blue.

Blend milk and eggs together.

Love has a magical power.

The boy created a small airplane.

Vocabulary Check

Subject Words 그림과 뜻을 보고 알맞은 단어를 쓰세요.

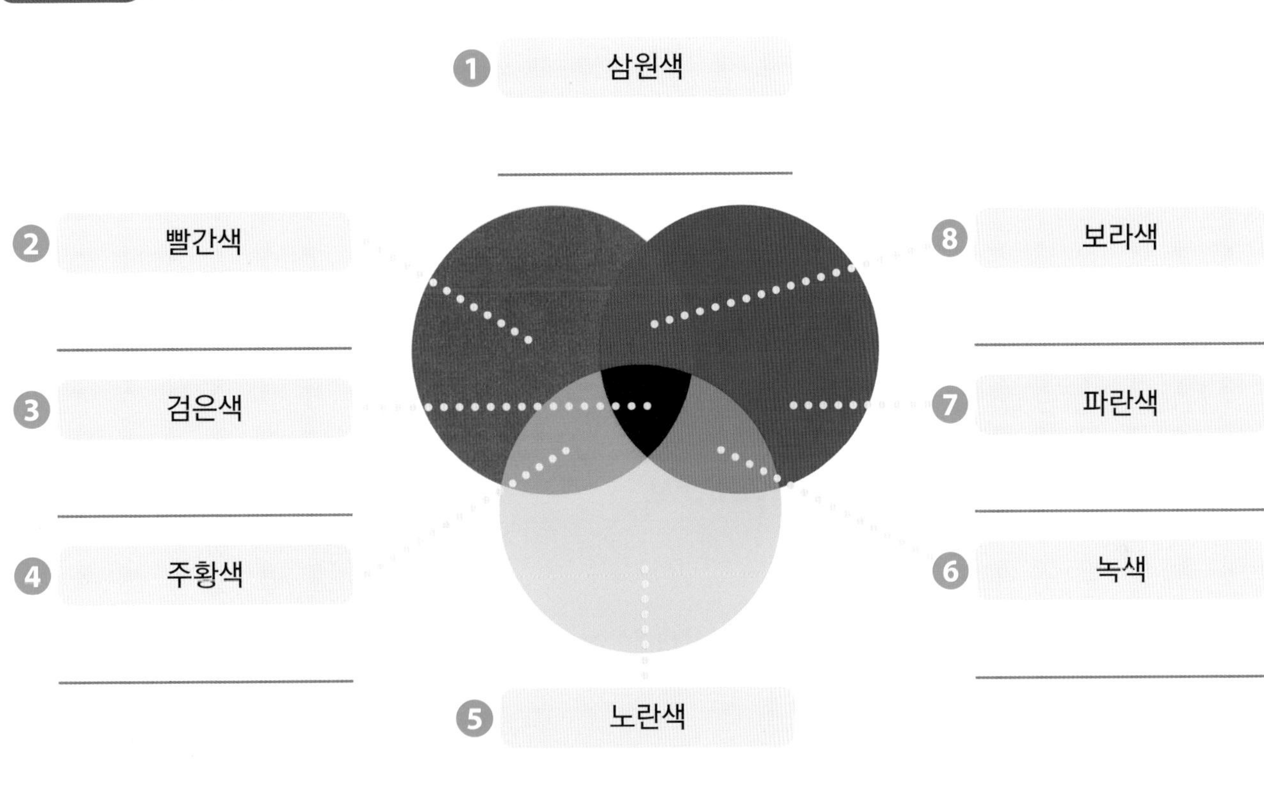

More Words 우리말에 맞는 문장이 되도록 알맞은 단어를 고르세요.

1. 소년이 작은 비행기를 만들어 냈습니다. The boy created / copied a small airplane.
2. 팔레트에 많은 색이 있습니다. There are many colors on the pattern / palette .
3. 사랑은 마술적인 힘을 가지고 있습니다. Love has a magical / vivid power.
4. 빨간색과 파란색을 섞어봅시다. Let's mix / multiply red and blue.
5. 우유와 달걀을 함께 섞으세요. Hold / Blend milk and egg together.
6. 두 선은 달라 보입니다. The two lines look different.
   사실, 그것들은 길이가 같습니다. In fact / Therefore , they are the same length.

지문을 듣고 따라 읽어보세요.

The Three Primary Colors

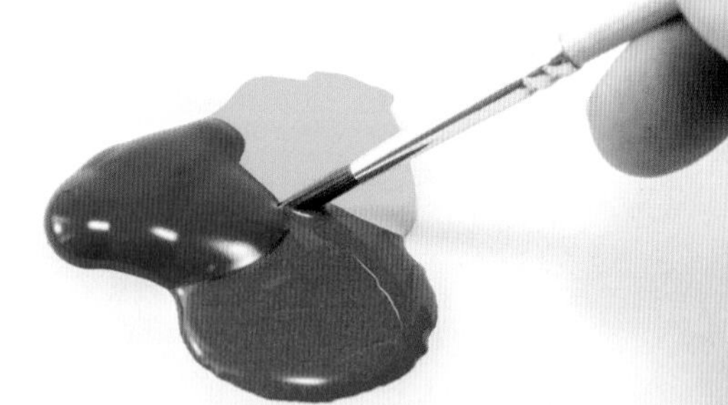

There are only three colors on Pablo's palette.

They are red, blue, and yellow.

Pablo wants to paint a picture.

He needs more colors.

In fact, he can make more colors from these three colors.

Key Grammar by + 동사+ing

Pablo can make purple by mixing red and blue together.
Pablo는 빨간색과 파란색을 함께 섞음으로써 보라색을 만들 수 있습니다.

전치사 'by'의 뒤에 '동사+ing'를 쓰면 '~함으로써'라는 의미로, 수단과 방법을 나타내는 표현으로 쓰입니다.

예 We learn by reading books. 우리는 책을 읽음으로써 배웁니다.
Eagles get energy by eating snakes. 독수리는 뱀을 먹음으로써 에너지를 얻습니다.

He can make purple by mixing red and blue together.

He can make orange by mixing red and yellow together.

He can make green by mixing blue and yellow together.

1 + =

2 + =

3 + =

And now, if he blends all three colors together, he can make black.

+ + =

Red, blue, and yellow are magical colors.

We can create many other colors with them.

So we call them the three primary colors.

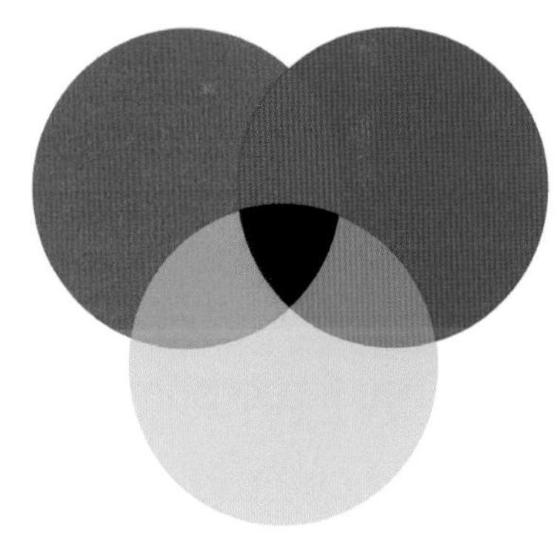

보색이란 무엇일까요?

우리는 빨간, 파란, 노란색을 삼원색이라고 합니다. 그리고 삼원색들을 교차로 섞어 나오는 초록, 주황, 보라색은 순색이라고 합니다. 원색들 사이에 순색을 배열하고, 비슷한 원리로 색을 연결하면 둥근 색띠를 만들 수 있어요. 보색은 이 둥근 색띠에서 마주보고 있는 두 색을 말해요. 예를 들어, 빨간색의 보색은 초록색이고 보라색의 보색은 연두색이랍니다.

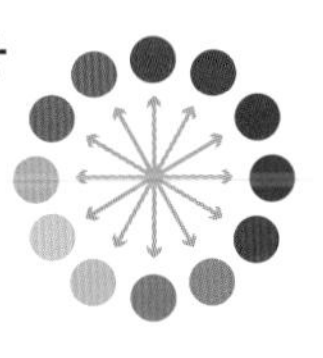

Comprehension Check

1 다음 질문의 답으로 가장 적절한 것을 골라 보세요.

ⓐ 이 글의 주제는 무엇인가요?

① three basic colors
② how we make black
③ Pablo's magical palette

ⓑ 다음 중 삼원색이 아닌 것은 무엇인가요?

① red ② yellow ③ green

ⓒ 다음 중 색의 혼합에 관한 설명으로 알맞은 것은 무엇인가요?

① Green and blue make black.
② Yellow and blue make green.
③ Red and yellow make purple.

2 다음 문장을 읽고 맞으면 T, 틀리면 F에 표시하세요.

① The three primary colors can make other colors.	T ⋮ F
② We can make orange from red and blue.	T ⋮ F
③ Red, blue, and yellow make black.	T ⋮ F

3 다음 질문에 알맞은 답이 되도록 빈칸에 들어갈 말을 본문에서 찾아 써보세요.

Q What are the three primary colors?

A They are ________________, ________________, and ________________.

QR 찍고 힌트 보기

Brain Power

흥미로운 미션을 풀고 코딩을 위한 사고력도 길러보세요!

1 절차적 사고력

주어진 알파벳 묶음들을 바르게 배열하여 단어를 완성하고 뜻을 써보세요. 그리고 빨간 동그라미 안에 있는 알파벳들을 모아 아래에 문장을 만들어 보세요.

알파벳 묶음		단어	뜻
RENGE	➡ □○□□□	단어:	뜻:
NORGAE	➡ ○□□□□□	단어:	뜻:
TTPEALE	➡ □□○□□□○	단어:	뜻:
BELDN	➡ □○□□□	단어:	뜻:
MLGAIAC	➡ □□□○○□□	단어:	뜻:

I ○○ K ○ ○○○ O ○ S !

2 논리적 사고력

세 명의 친구들이 아래 세 도형을 각각 다른 색으로 칠하고 있어요. 친구들의 설명을 읽고 ①~⑥에 칠해질 색을 맞혀보세요.

My paint reflects red and absorbs all other colors.
My paint absorbs all light except blue light.
I'm painting it yellow.
① ② ③ ④ ⑤ ⑥

①	②
③	④
⑤	⑥

Q What color food have you eaten today?

UNIT 04

Eating by Color

Subject Words QR코드를 이용하여 단어를 듣고 따라 읽어보세요.

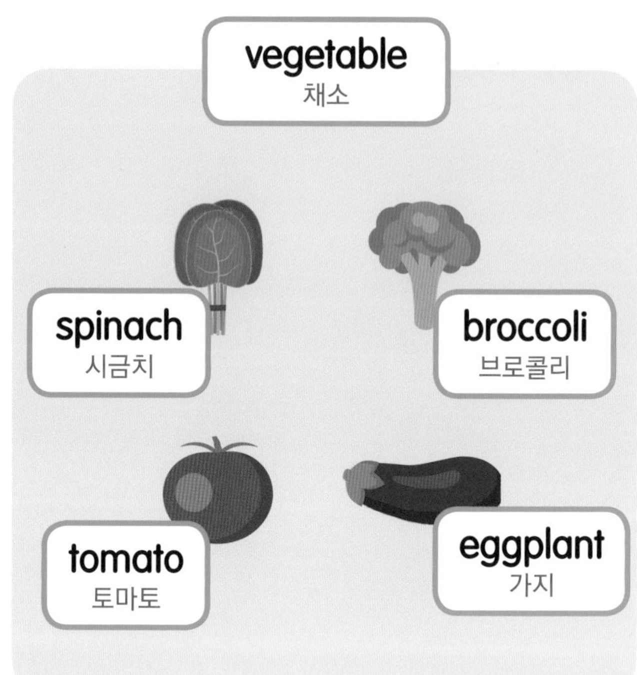

More Words QR코드를 이용하여 단어와 예문을 듣고 따라 읽어보세요.

Kimchi contains many nutrients.

Vegetables are good for our health.

We can prevent fires.

The doctor is checking for cancer.

The gas contains dangerous toxins.

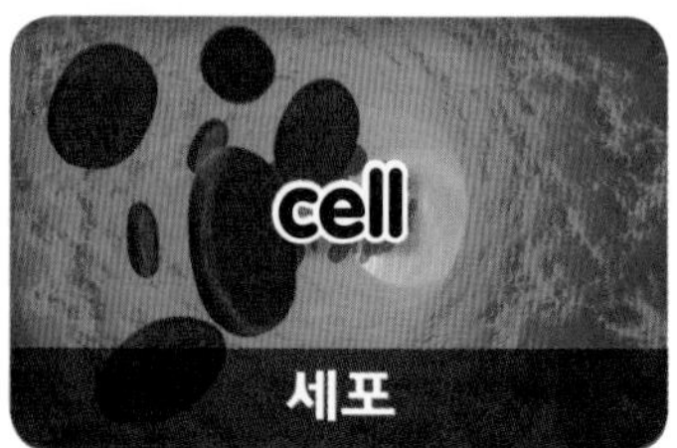

Our bodies are made of cells.

Vocabulary Check

Subject Words 그림과 뜻을 보고 알맞은 단어를 쓰세요.

1 
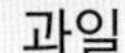
과일
______

2 
레몬
______

3 
포도
______

4 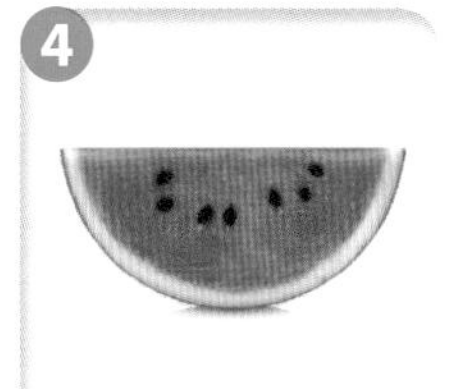
수박
______

5 
파인애플
______

6 
채소
______

7 
토마토
______

8 
시금치
______

9 
브로콜리
______

10 
가지
______

More Words 우리말에 맞는 문장이 되도록 알맞은 단어를 고르세요.

1. 우리 몸은 세포로 구성되어 있습니다. Our bodies are made of [dyes / cells].
2. 그 가스에는 위험한 독소가 들어 있습니다. The gas contains dangerous [toxic / toxins].
3. 김치에는 많은 영양소가 들어 있습니다. Kimchi contains many [nutrients / pesticides].
4. 의사가 암을 검사하고 있습니다. The doctor is checking for [sensor / cancer].
5. 채소는 우리의 건강에 좋습니다. Vegetables are good for our [health / harvest].
6. 우리는 화재를 예방할 수 있습니다. We can [prevent / protect] fires.

Eating by Color

Fruits and vegetables come in different colors.
Each color has different nutrients.
They are all good for our health!

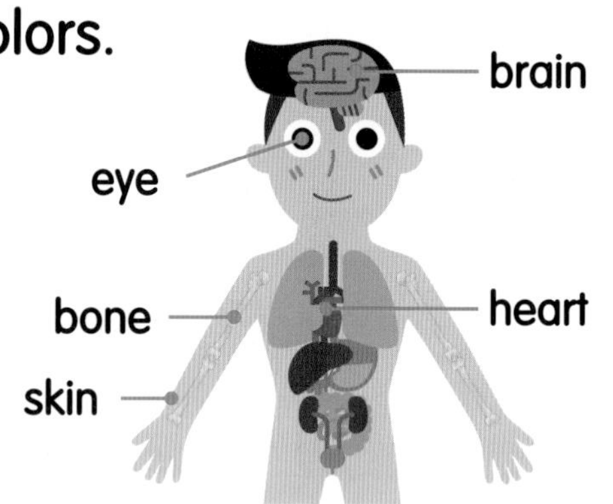

These foods are red.
They are tomatoes and watermelon.
Red foods can prevent cancer.
They also keep our heart healthy.

Key Grammar

keep + 명사(구) + 형용사

Red foods keep our heart healthy. 레드 푸드는 우리의 심장을 건강하게 합니다.

동사 'keep' 뒤에 '명사(구)+형용사'가 오면 '~을 …한 상태로 유지합니다', '~을 (계속) …하게 합니다'라는 의미를 나타냅니다.

예 Keep your room clean. 당신의 방을 깨끗한 상태로 유지하세요.
The roof keeps the house warm. 그 지붕은 집을 계속 따뜻하게 합니다.

These are yellow foods.

They are lemons and pineapple.

Yellow foods protect our skin.

They also keep our eyes healthy.

These foods are green.

They are broccoli and spinach.

Green foods protect our body from toxins.

They also keep our bones strong.

These are purple foods.

They are grapes and eggplant.

Purple foods protect our cells.

They also keep our brain healthy.

감기에는 화이트 푸드(White Foods)!

화이트 푸드 중에는 마늘, 양파, 생강 등 독특한 향과 매운 맛을 가진 음식들이 많아요. 이 음식들에는 흰색을 내는 '안토크산틴'이라는 성분이 들어있는데, 이 성분은 폐와 기관지를 튼튼하게 해주어 감기 예방에 매우 효과적이에요. 또, 몸 속의 나쁜 물질을 몸 밖으로 내보내서 균과 바이러스에 대한 저항력을 길러 준답니다.

Comprehension Check

1 다음 질문의 답으로 가장 적절한 것을 골라 보세요.

ⓐ 이 글의 주제는 무엇인가요?

① how to keep our body healthy

② healthy foods of different colors

③ differences between fruits and vegetables

ⓑ 레드 푸드에 대한 설명으로 알맞지 않은 것은 무엇인가요?

① They can prevent cancer.

② They keep our brain healthy.

③ They keep our heart healthy.

ⓒ 다음 중 같은 색을 가진 음식이 아닌 것은 무엇인가요?

① spinach ② broccoli ③ eggplant

2 다음 문장을 읽고 맞으면 T, 틀리면 F에 표시하세요.

① Lemons and pineapple protect our skin. T F

② Green foods protect our body from toxins. T F

③ Eggplant keeps our bones strong. T F

3 다음 질문에 알맞은 답이 되도록 빈칸에 들어갈 말을 본문에서 찾아 써보세요.

Q Why should we eat foods of different colors?

A It's because each color has ______________ ______________.

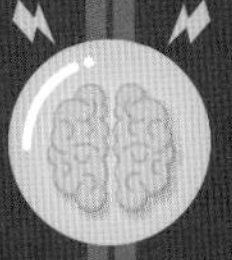

Brain Power

흥미로운 미션을 풀고
코딩을 위한 사고력도 길러보세요!

Billy의 아빠는 가족들이 평소에 이야기했던 것을 바탕으로 과일과 채소를 샀습니다. 아빠의 바구니를 참고하여 Shopping List의 빈칸을 알맞게 채워보세요.

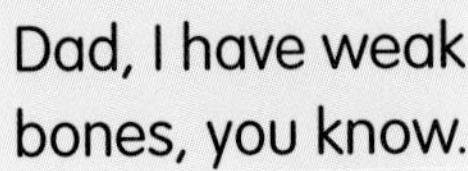

Dad, my eyes are going bad.

Billy's sister
Emma

Dad, I have weak bones, you know.

Billy

I want to keep my brain healthy.

Billy's mother
Sandra

Shopping List

	for Emma
	for Billy
	for Sandra

Wrap UP!

Unit 01 우리의 눈이 사과를 빨간색으로 보는 원리는 무엇일까요? 보기 에서 알맞은 말을 골라 빈칸을 완성해보세요.

보기	except	absorbs	shines	reflections

Light ______ on things.

The apple ______ all light ______ red.

Colors are ______ of light, and our eyes see them!

기억이 안 난다면? 12쪽으로 이동하세요.

Unit 02 각 그림에 알맞은 단어 카드와 뜻 카드를 골라 빈칸에 써보세요.

purple	달팽이	mystery	입고 있다	snail
신비	wear	보라색	wealth	부

기억이 안 난다면? 18쪽으로 이동하세요.

Unit 03 다음 삼원색 표를 보고 빈칸에 들어갈 알맞은 색이름을 써보세요.

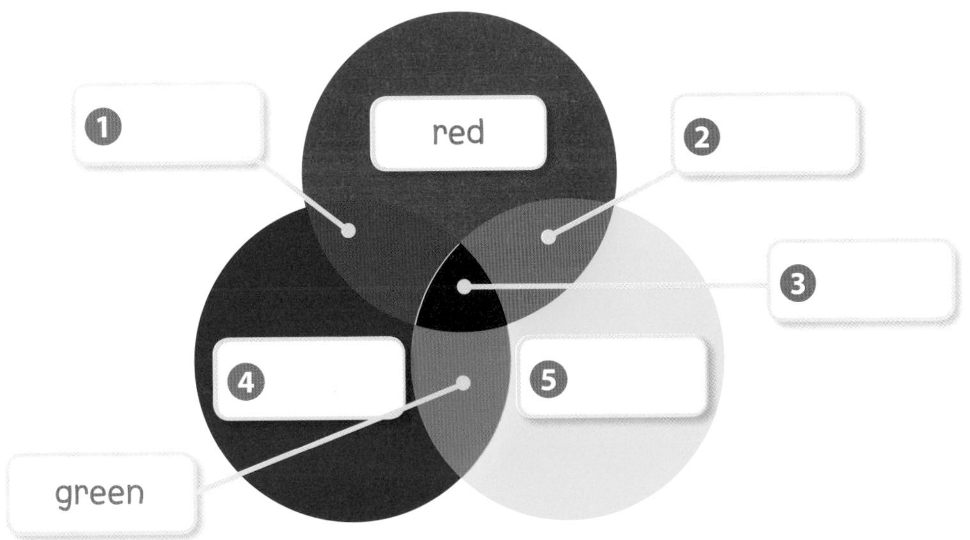

기억이 안 난다면? 24쪽으로 이동하세요.

Unit 04 다음 각 과일과 야채가 우리 몸의 어디에 좋은지 알맞게 연결해보세요.

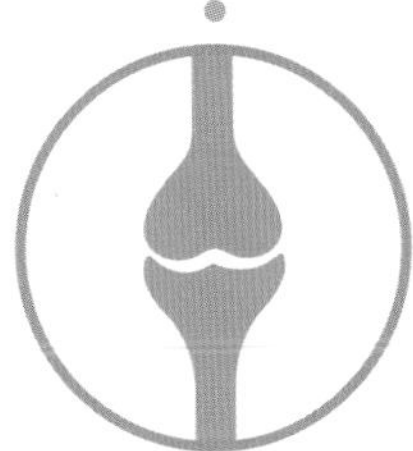 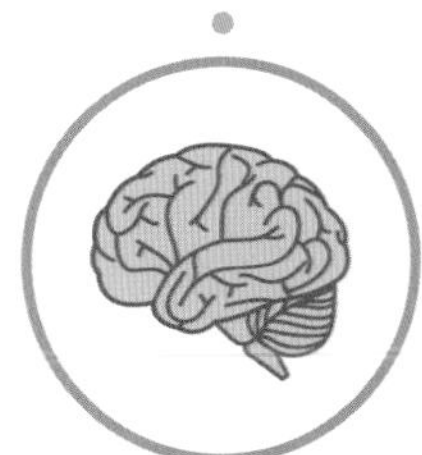 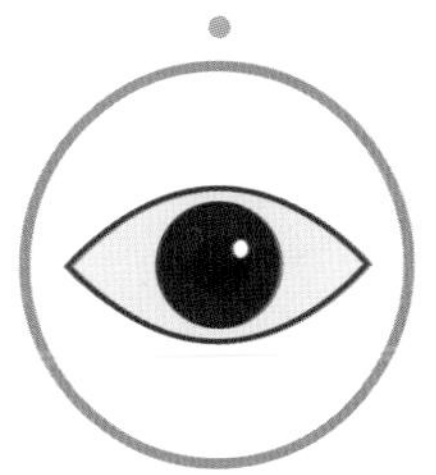 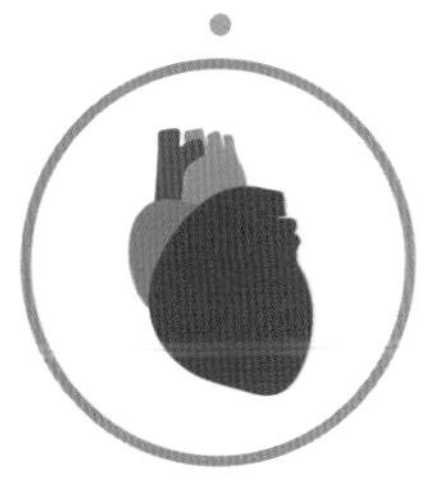

기억이 안 난다면? 30쪽으로 이동하세요.

쉬어가기

아래 전개도는 정육면체 Ⓐ~Ⓓ 중 어느 것의 전개도일까요?

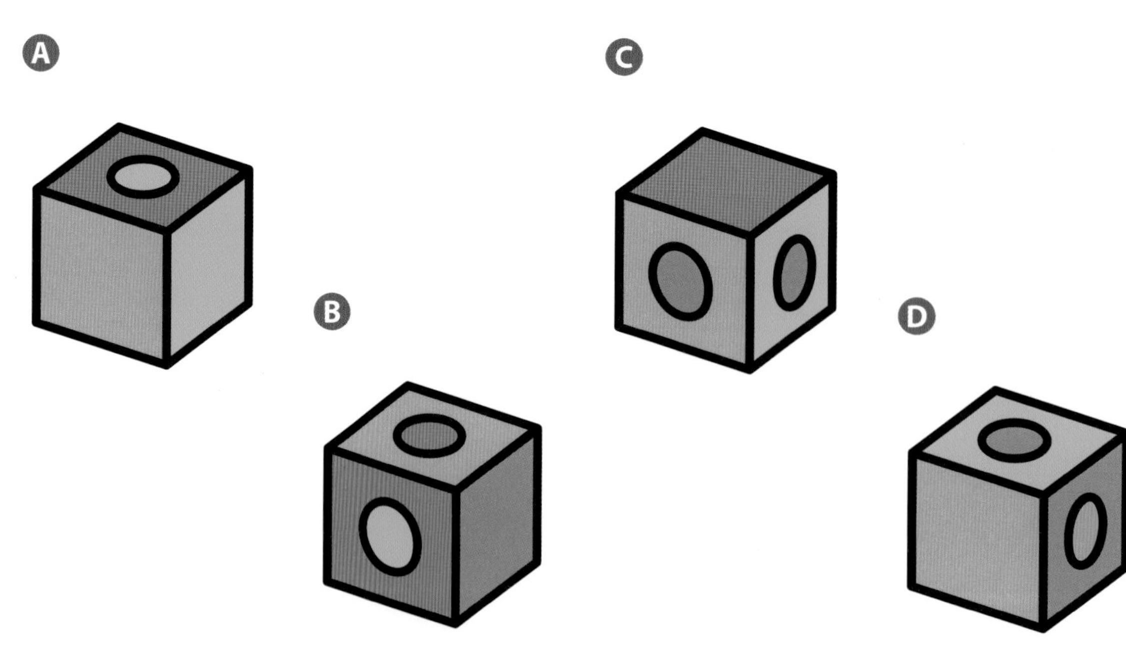

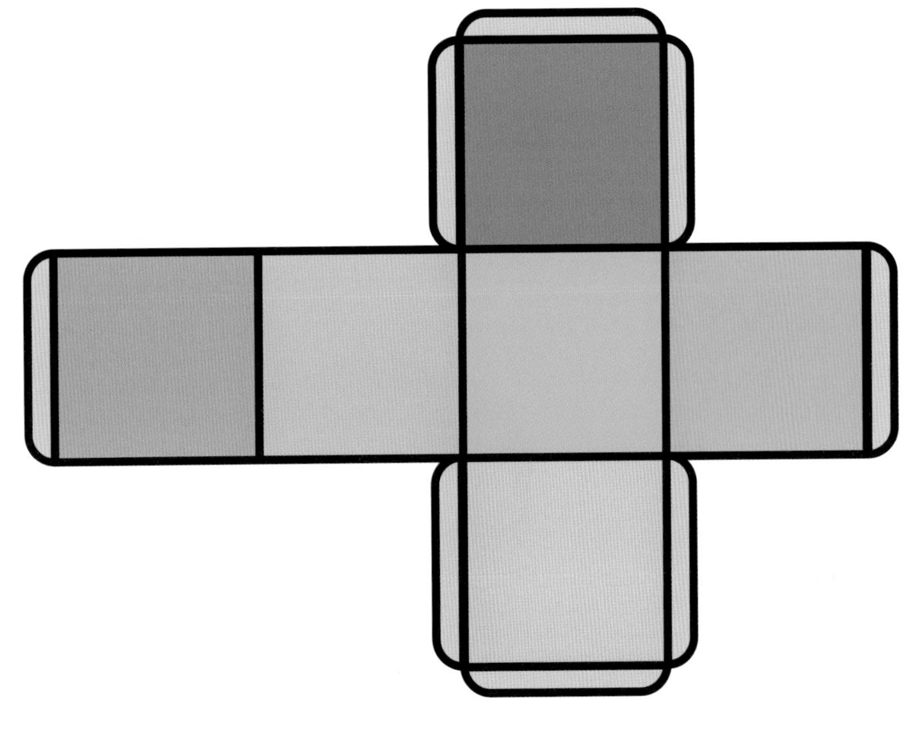

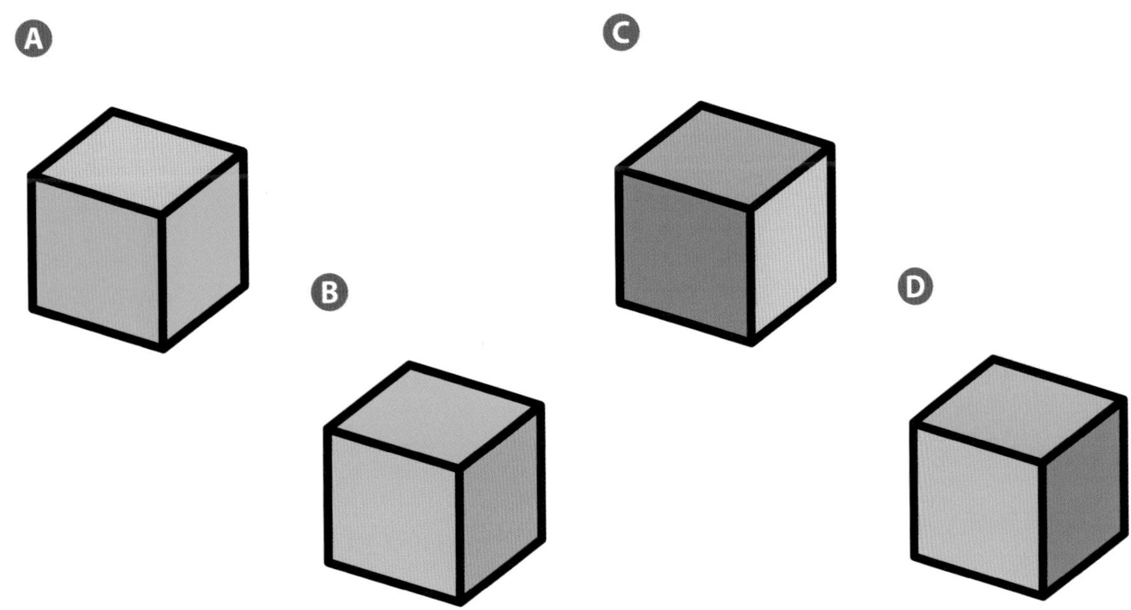
A
B
C
D

Chapter 2 Bread

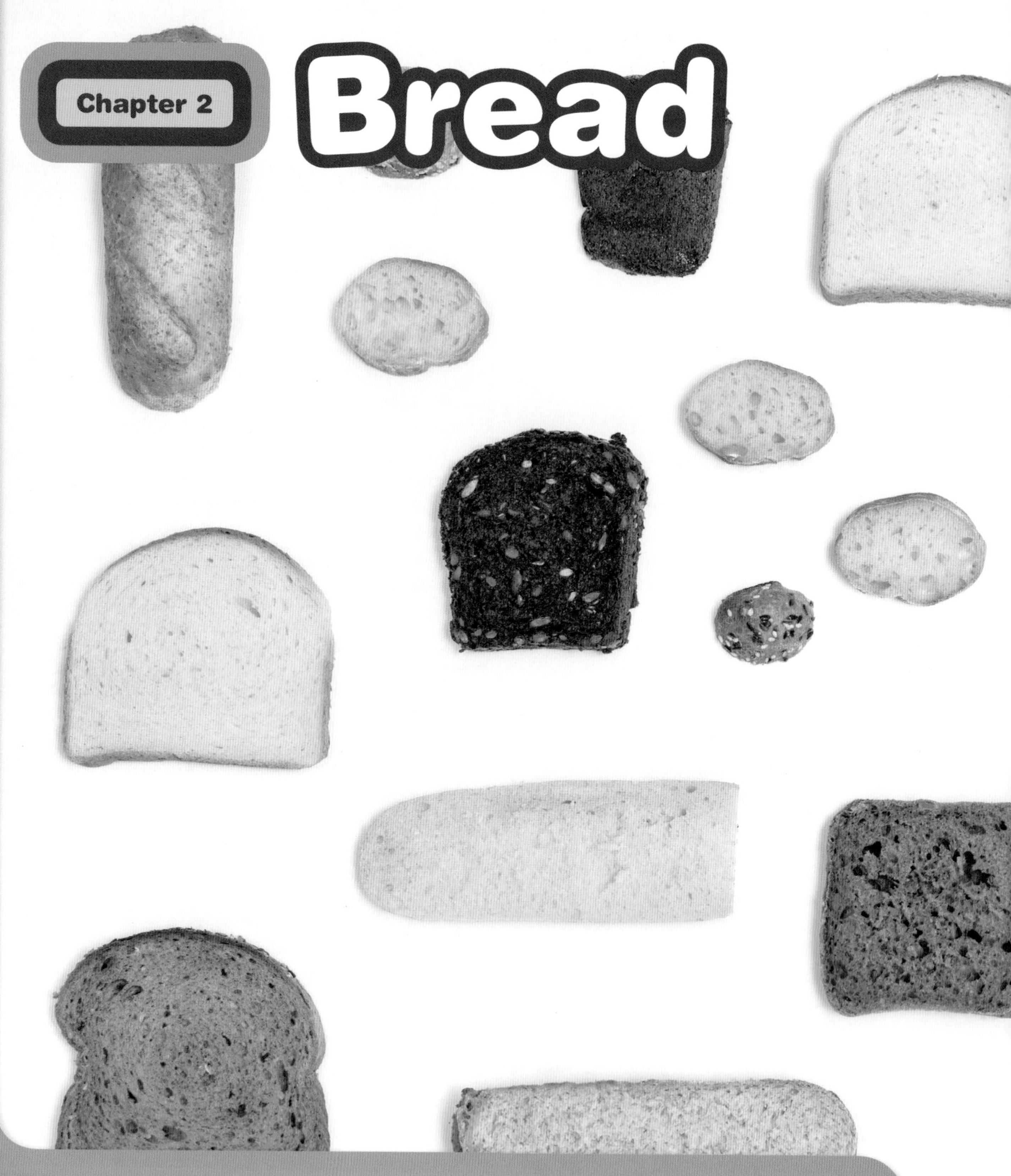

지우개가 없던 시기에 지우개를 대신해서 썼던 것은 무엇일까요? 바로 '버터가 들어가지 않은 빵' 입니다. 목탄으로 그린 그림은 식빵으로 지워진다고 해요. 그뿐만 아니라, 빵이 부풀어 오르는 건 '이스트'라는 일종의 곰팡이를 넣기 때문이라는 사실, 알고 있었나요? 이처럼 우리가 즐겨 먹는 빵에는 재미있는 이야기가 숨어있어요. 이번 Chapter에서 함께 빵에 관해 더 자세히 알아볼까요?

과학

UNIT 01

What Makes Bread Soft?

사회

UNIT 02

Breads from Around the World

미술

UNIT 03

Painter's Bread

수학

UNIT 04

Why Are Pizzas Round?

Chapter Q What kind of bread do you like the most?

UNIT 01

Q Do you know how to make bread? Yes ☐ No ☐

What Makes Bread Soft?

Subject Words QR코드를 이용하여 단어를 듣고 따라 읽어보세요.

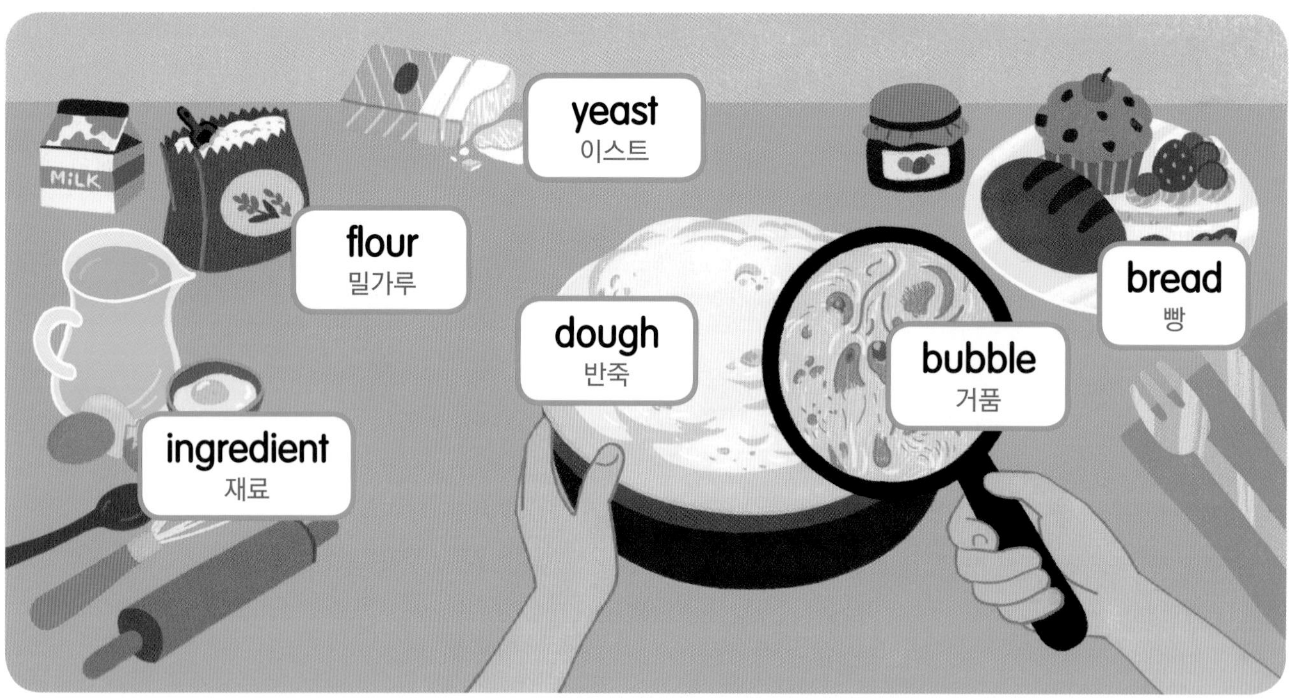

More Words QR코드를 이용하여 단어와 예문을 듣고 따라 읽어보세요.

Children learn basic rules.

Yeast makes dough rise.

There is fungus on the wall.

The sun is active.

The room is empty.

There is no space in the car.

Vocabulary Check

Subject Words 그림과 뜻을 보고 알맞은 단어를 쓰세요.

1 

이스트

____

2 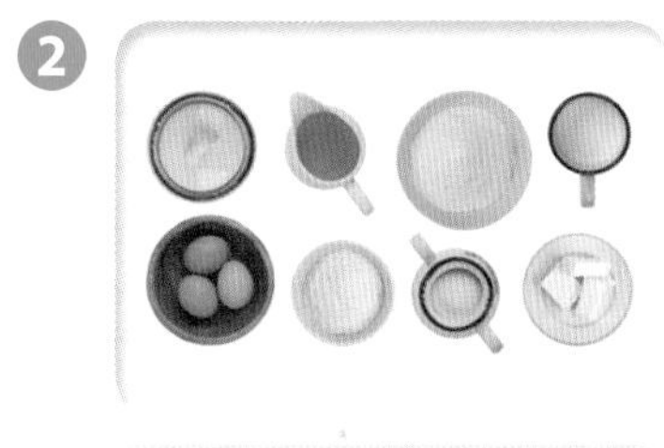

재료

____

3 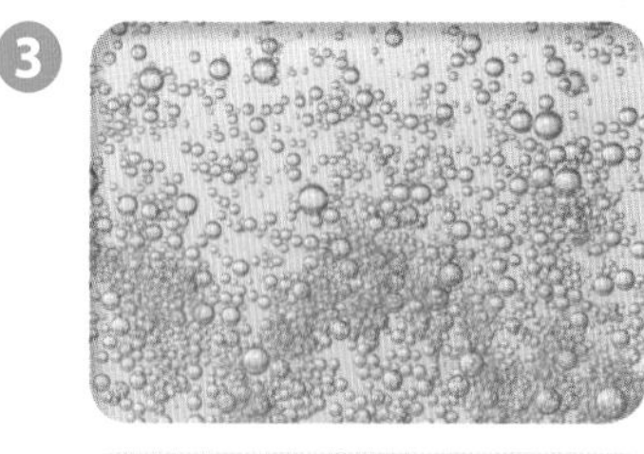

거품

____

4 

반죽

____

5 

밀가루

____

6 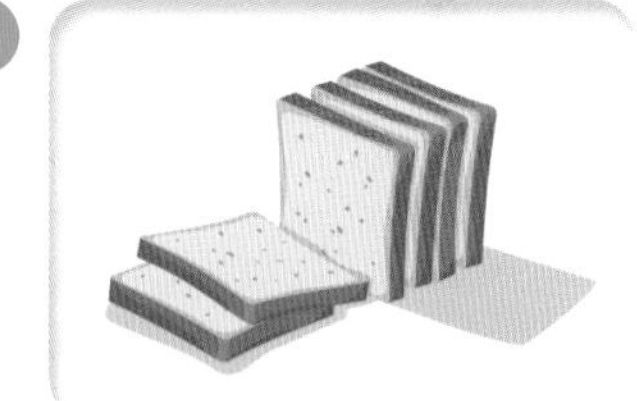

빵

____

More Words 우리말에 맞는 문장이 되도록 알맞은 단어를 고르세요.

1 태양은 활동을 합니다. The sun is creative / active .

2 이스트는 반죽을 부풀게 합니다. Yeast makes dough rise / die .

3 아이들은 기본적인 규칙을 배웁니다. Children learn basic / mathematical rules.

4 방이 비어 있습니다. The room is heavy / empty .

5 벽에 곰팡이가 있습니다. There is flour / fungus on the wall.

6 자동차에 공간이 없습니다. There is no space / sports in the car.

What Makes Bread Soft?

What are the basic ingredients of bread?

They are flour and water.

You can also add sugar or salt.

For soft bread, you have to add one more ingredient.

Can you guess what it is? It is yeast!

Let's find out how yeast works.

Key Grammar have to

For soft bread, you have to add one more ingredient.
부드러운 빵을 위해서, 당신은 한가지 재료를 더 더해야 합니다.

'have to'는 '~해야 합니다'라는 뜻으로 의무, 필요를 나타내는 표현이에요. have to 뒤에는 반드시 동사원형을 씁니다.

예 You have to wash your hands. 당신은 당신의 손을 닦아야 합니다.
I have to do my homework. 나는 내 숙제를 해야 합니다.

You make bread dough with flour and water.

Then you have to add yeast.

After ten minutes, you can see bubbles in the dough.

And the bread dough rises.

How does yeast make the dough rise?

Yeast is a kind of fungus. It is active.

It makes gas bubbles in the dough.

These gas bubbles become the empty space in bread.

Thanks to the empty space, bread feels soft.

빵도 과학적으로 구워야 해!

밀가루에도 여러 종류가 있어요. 그중에서도 글루텐이라는 단백질이 많이 들어있는 밀가루를 쓰면 우리는 더 쫄깃하고 맛있는 빵을 구울 수 있어요. 이스트를 넣을 때도 주의해야 해요. 이스트는 약 섭씨 30도에서 가장 활발하게 활동하지만, 섭씨 45도 이상이 되면 모두 죽어버려요. 온도가 너무 높으면 부풀어 오르던 반죽이 푹 꺼질 수도 있겠죠? 이처럼 빵을 구울 때는 온도 조절도 매우 중요하답니다.

Comprehension Check

1 다음 질문의 답으로 가장 적절한 것을 골라 보세요.

ⓐ 이 글의 주제는 무엇인가요?

① how to make bread soft

② the active fungus in flour

③ bread dough with salt and sugar

ⓑ 다음 중 빵을 만들 때 필요한 재료로 언급되지 않은 것은 무엇인가요?

① flour ② yeast ③ milk

ⓒ 이스트에 관한 설명으로 알맞지 않은 것은 무엇인가요?

① It is active.

② It is a kind of bread.

③ It makes gas bubbles in dough.

2 다음 문장을 읽고 맞으면 T, 틀리면 F에 표시하세요.

① The basic ingredients of bread are salt and water. T : F

② For soft bread, you need yeast. T : F

③ Bread dough rises thanks to yeast. T : F

3 다음 질문에 알맞은 답이 되도록 빈칸에 들어갈 말을 본문에서 찾아 써보세요.

Q How does yeast make dough rise?

A Yeast makes gas ______________ in the dough. They become the ______________ space in bread.

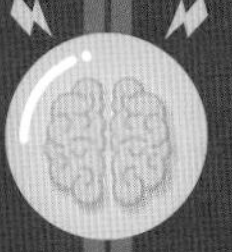

Brain Power

흥미로운 미션을 풀고 코딩을 위한 사고력도 길러보세요!

1 절차적 사고력

힌트를 참고하여 표의 한가운데 찍힌 점을 중심으로 대칭이 되는 도형인 점대칭 도형을 그려봅시다. 도형을 완성한 후 도형 안의 알파벳으로 단어를 만들고 그 뜻을 써보세요. (단, 네모가 완전히 포함된 칸의 알파벳만 쓸 수 있어요.)

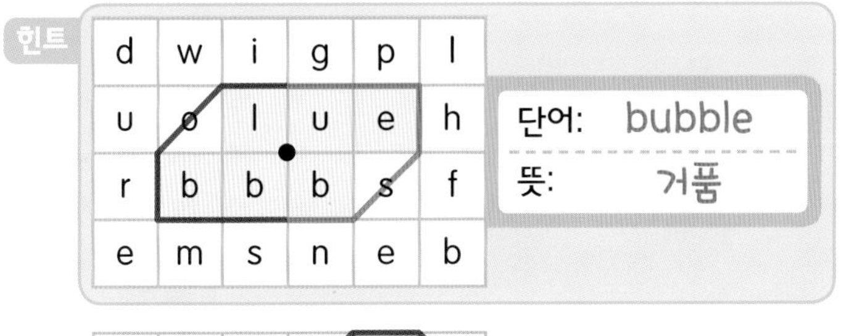

b	s	n	a	c	h
h	g	f	e	i	w
r	a	v	c	t	b
a	t	i	e	m	s

단어:

뜻:

c	w	i	g	y	b	p	l
a	o	a	l	g	u	t	h
t	n	r	e	i	k	s	f
h	m	s	d	n	e	i	b
f	u	i	t	m	i	q	x
r	n	l	e	g	n	v	p

단어:

뜻:

2 문제 해결력

①~④에 놓인 갈림길에서 알맞은 설명을 따라 길을 찾고, Jenny가 먹게 될 빵을 찾아 ∨표시해보세요.

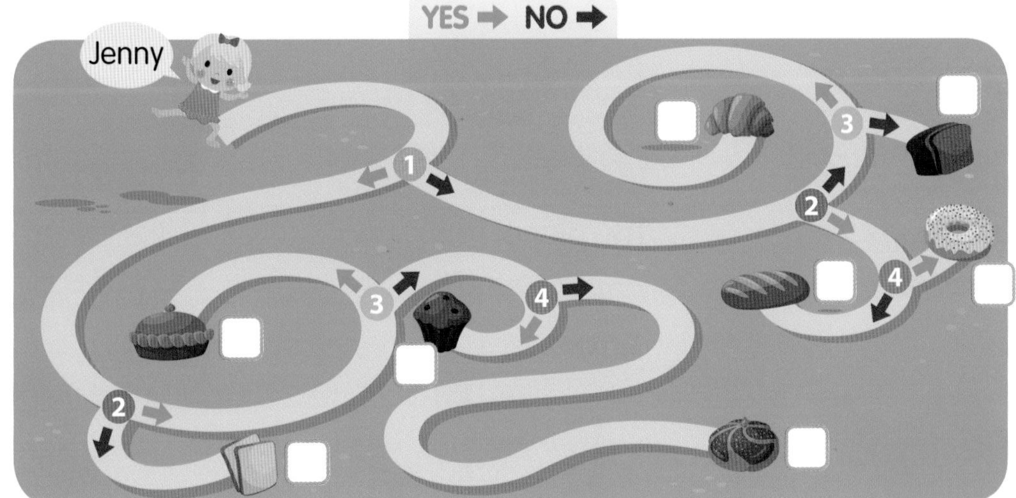

① Yeast is active.

② Yeast makes gas bubbles.

③ We need salt for soft bread.

④ Bread dough rises thanks to flour.

UNIT 사회 02

Have you tried pretzel bread? Yes ☐ No ☐

Breads from Around the World

Subject Words QR코드를 이용하여 단어를 듣고 따라 읽어보세요.

More Words QR코드를 이용하여 단어와 예문을 듣고 따라 읽어보세요.

튀긴, 프라이한

I ate fried eggs for breakfast.

고리

The planet has a ring around it.

구운

I like baked potatoes.

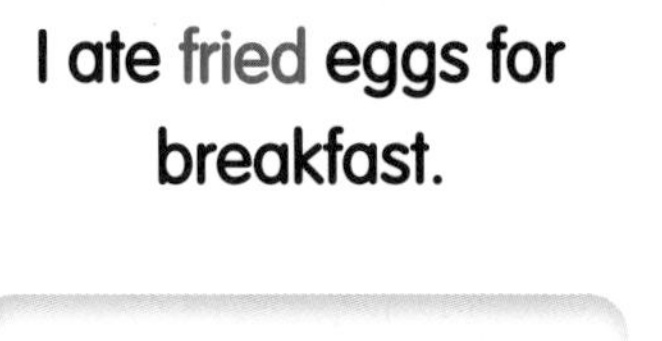

(가루 반죽) 파이

There are different kinds of pastries.

바삭바삭한

Fried chicken is crispy.

안쪽

Most watermelons are red on the inside.

Vocabulary Check

Subject Words 그림과 뜻을 보고 알맞은 단어를 쓰세요.

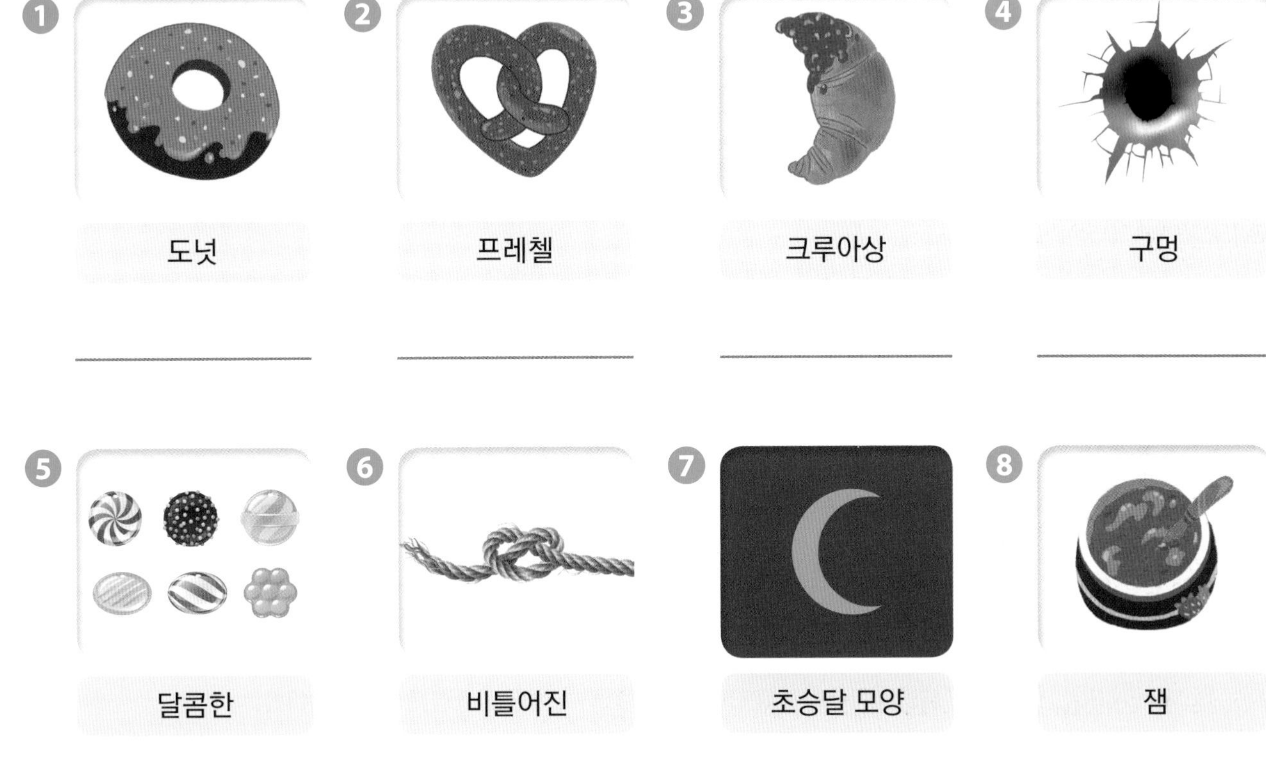

More Words 우리말에 맞는 문장이 되도록 알맞은 단어를 고르세요.

1. 나는 구운 감자를 좋아합니다. I like baked / fried potatoes.
2. 나는 아침으로 계란 프라이를 먹었습니다. I ate baked / fried eggs for breakfast.
3. 튀긴 닭은 바삭바삭합니다. Fried chicken is soft / crispy .
4. 그 행성은 주변에 고리가 있습니다. The planet has a ring / tile around it.
5. 다양한 종류의 파이가 있습니다. There are different kinds of pretzels / pastries .
6. 대부분의 수박들은 안쪽이 빨갛습니다. Most watermelons are red on the inside / outside .

Breads from Around the World

People eat bread all over the world.

Bread comes in different shapes and tastes.

Here are three popular types of bread.

Doughnuts

Doughnuts are fried bread from the Netherlands.

They have a hole, so they look like rings.

Doughnuts contain a lot of sugar.

They taste sweet!

Key Grammar taste + 형용사

Doughnuts taste sweet! 도넛은 달콤한 맛이 납니다!

'taste'는 '~한 맛이 납니다'라는 뜻의 동사로, 뒤에는 맛을 설명하는 sweet(달콤한), good(좋은), salty(짠), sour(신) 등의 형용사를 씁니다.

예 A lemon tastes sour. 레몬은 신맛이 납니다.
The soup tastes salty. 그 수프는 짠맛이 납니다.

Pretzels

Pretzels are baked bread from Germany.

They look like twisted rings.

Most pretzels are made soft,

but some of them are made hard.

Pretzels taste good with salt.

Croissants

Croissants are pastries from Austria.

They look like crescent moons.

They are crispy on the outside, but soft on the inside.

Croissants taste good with sweet jam.

도넛 가운데에 구멍은 왜 생기게 된걸까?

가운데 커다란 구멍이 나 있는 도넛은 어떻게 만들어졌을까요? 1847년 네덜란드계 미국인 선장 핸슨 그레고리(Hanson Gregory)의 아이디어였다는 설이 있어요. 이 설에 따르면, 그레고리 선장이 항해 도중 빵을 먹기 위해 배의 키 손잡이에 꽂을 수 있도록 빵 가운데에 구멍을 뚫게 했다고 합니다. 하나 확실한 건, 가운데 큰 구멍이 도넛을 더 특별하고 맛있어 보이게 해주는 것 같죠?

Comprehension Check

1 다음 질문의 답으로 가장 적절한 것을 골라 보세요.

ⓐ 이 글의 주제는 무엇인가요?

① how to make bread crispy
② popular pastries from Austria
③ breads from different countries

ⓑ 도넛은 어느 나라의 빵인가요?

① Germany ② Austria ③ the Netherlands

ⓒ 프레첼에 관한 설명으로 알맞지 않은 것은 무엇인가요?

① They look like twisted rings.
② There are only soft pretzels.
③ They taste good with salt.

2 다음 문장을 읽고 맞으면 T, 틀리면 F에 표시하세요.

① There is a lot of sugar in doughnuts. T : F
② Croissants are crispy on the inside. T : F
③ Pretzels are baked bread from Austria. T : F

3 다음 질문에 알맞은 답이 되도록 빈칸에 들어갈 말을 본문에서 찾아 써보세요.

Q What do doughnuts, pretzels, and croissants look like?
A Doughnuts look like ________________, pretzels look like ________________ rings, and croissants look like ________________ moons.

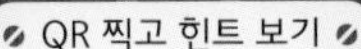

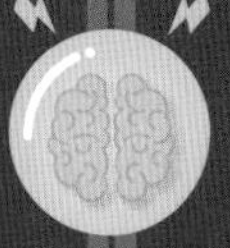

Brain Power

흥미로운 미션을 풀고
코딩을 위한 사고력도 길러보세요!

다섯 명의 친구가 Doughnuts, Pretzels, Croissants 중 하나를 먹었습니다. 단서 를 참고하여 친구들이 먹은 빵에 V 표시해보세요.

단서

 I ate the same bread as  's.

I didn't eat fried bread.

 I ate bread that looked like twisted rings.

 I ate different bread from 's.
It tasted good with sweet jam.

 I ate bread that had a big hole.

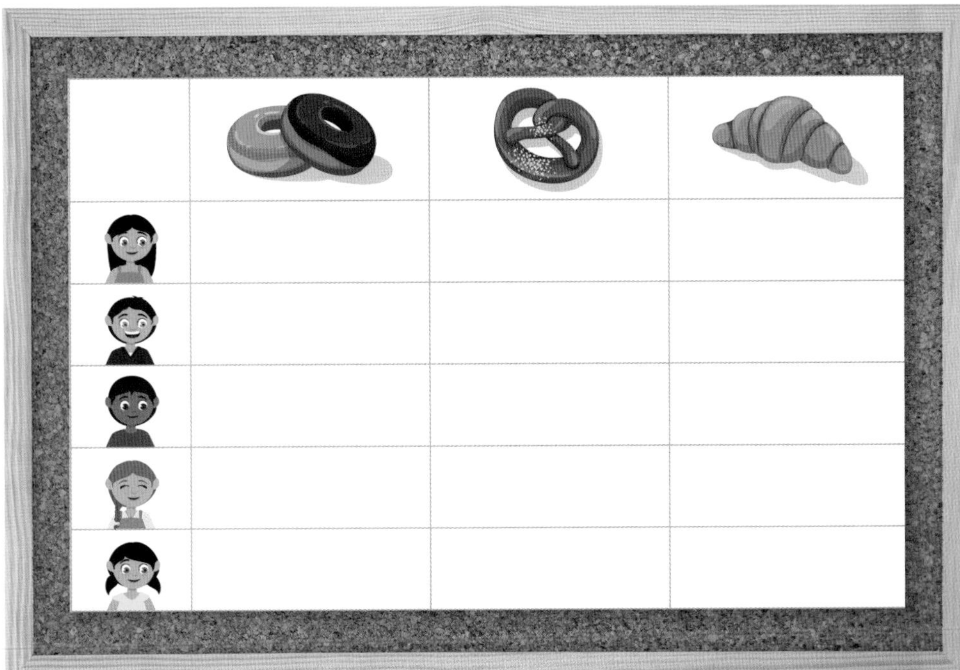

Q Can we use bread for art? Yes ☐ No ☐

Painter's Bread

Subject Words QR코드를 이용하여 단어를 듣고 따라 읽어보세요.

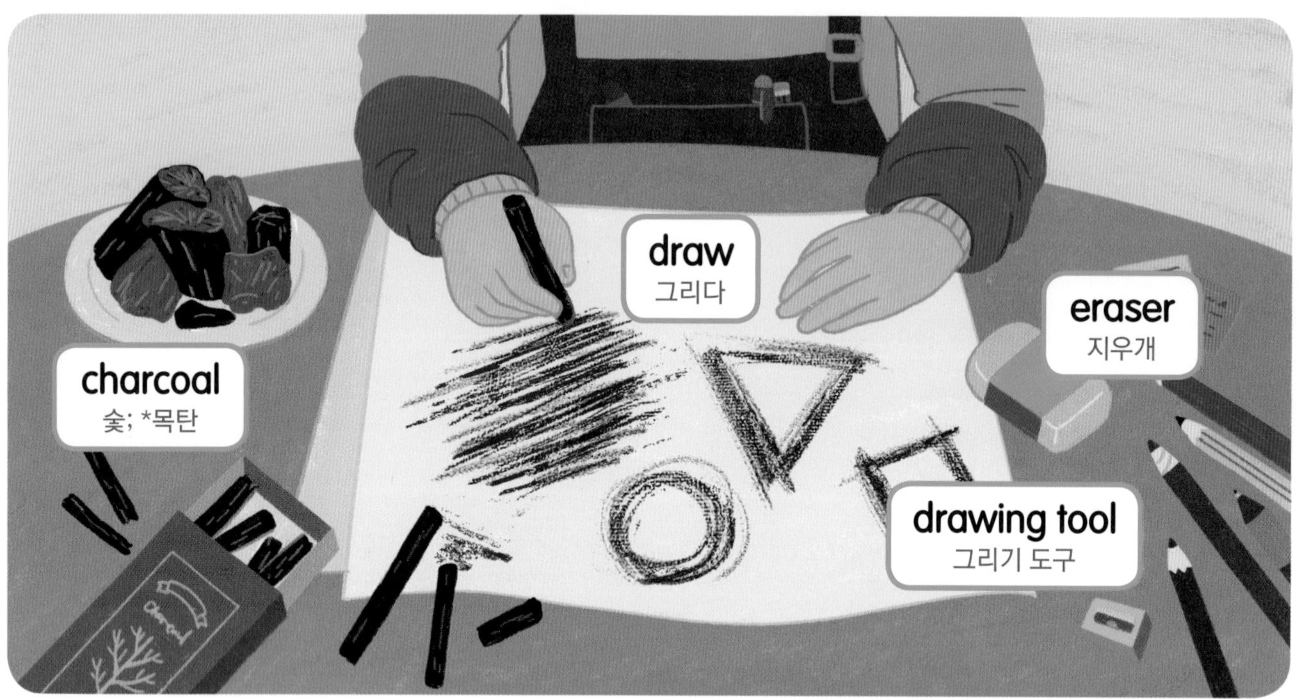

More Words QR코드를 이용하여 단어와 예문을 듣고 따라 읽어보세요.

A baker works at a bakery.

I eat bread with butter.

The boy is wearing brown clothes.

He was so upset.

She ruined her clothes.

People make mistakes.

Vocabulary Check

Subject Words 그림과 뜻을 보고 알맞은 단어를 쓰세요.

1

그리기 도구

____

2

그리다

____

3

숯; *목탄

____

4

지우개

____

More Words 우리말에 맞는 문장이 되도록 알맞은 단어를 고르세요.

1. 그녀는 그녀의 옷을 망쳤습니다. — She ruined / shined her clothes.
2. 그는 매우 마음이 상했습니다. — He was so healthy / upset .
3. 그 소년은 갈색 옷을 입고 있습니다. — The boy is wearing brown / black clothes.
4. 사람들은 실수를 합니다. — People make harmonies / mistakes .
5. 제빵사는 빵집에서 일합니다. — A baker / farmer works at a bakery / pastry .
6. 나는 빵을 버터와 함께 먹습니다. — I eat bread with jam / butter .

without butter
with butter
BAKERY

Painter's Bread

There was a bakery in a small town.

It sold two types of bread.

One was white bread made without butter.

And the other was brown bread made with butter.

One day, a painter came to the bakery.

The painter wanted white bread.

But the baker gave the painter brown bread.

Key Grammar 명사 + 과거분사(구)

One was white bread made without butter. 하나는 버터 없이 만들어진 흰 빵이었습니다.

과거분사는 명사의 앞이나 뒤에서 명사를 꾸며주는 역할을 합니다. 이때, '~해진', '~된'이라는 의미를 나타냅니다.

예 I have a bag painted in rainbow colors. 나는 무지개색으로 칠해진 가방이 있습니다.
There is a tower built by a famous architect. 어떤 유명한 건축가에 의해 지어진 탑이 있습니다.

The next day, the painter came to the bakery.
He was very upset.

"You ruined my painting! You gave me brown bread.
But I needed white bread!" said the painter.
"It was my mistake. But brown bread
tastes good, too!" said the baker.

"I don't eat bread! It is my drawing tool.
I draw with charcoal. And I use white bread as an eraser.
But the butter in the brown bread ruined everything!"
said the painter.

오 헨리(O. Henry)의 마녀의 빵

오 헨리의 <마녀의 빵> 이야기를 아시나요? 이야기 속 빵집 주인은 버터가 들어가지 않은 저렴한 빵만 사는 남자를 보고 가난한 화가일 것이라고 생각했어요. 어느 날 주인은 그 남자에게 호의로 버터가 든 빵을 주었어요. 하지만 그는 목탄으로 설계도를 그리는 건축가였고, 버터가 들어가지 않은 빵을 지우개로 사용해왔었죠. 결국 그는 주인이 준 빵 속 버터 때문에 설계도를 망치고 말았습니다.

Comprehension Check

1 다음 질문의 답으로 가장 적절한 것을 골라 보세요.

ⓐ 이야기에서 화가가 원했던 빵과 제빵사가 건네준 빵이 알맞게 짝지어진 것은 무엇인가요?

① white bread – white bread

② white bread – brown bread

③ brown bread – white bread

ⓑ 이야기 속 흰 빵에는 없고, 갈색 빵에는 있는 것은 무엇인가요?

① flour ② water ③ butter

ⓒ 이야기 속 화가에 관한 설명으로 알맞지 않은 것은 무엇인가요?

① He needed white bread.

② He was upset because of the baker.

③ He wanted to use brown bread as an eraser.

2 다음 문장을 읽고 맞으면 T, 틀리면 F에 표시하세요.

① The bakery sold two types of bread. T : F

② The painter draws with white bread. T : F

③ The butter in the bread ruined the painter's painting. T : F

3 다음 질문에 알맞은 답이 되도록 빈칸에 들어갈 말을 본문에서 찾아 써보세요.

Q Why was the painter in the story so upset?

A The baker gave the painter ____________ bread. But he needed ____________ bread because he wanted to use it as an eraser.

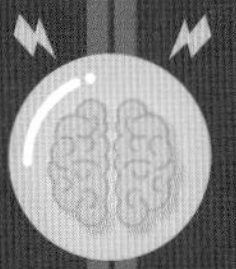

Brain Power

흥미로운 미션을 풀고 코딩을 위한 사고력도 길러보세요!

문제 해결력

수진이가 암호가 숨겨진 퍼즐 메시지를 보냈어요. 수진이가 남긴 힌트를 참고하여 나머지 암호를 찾아 메시지의 빈칸을 완성해보세요.

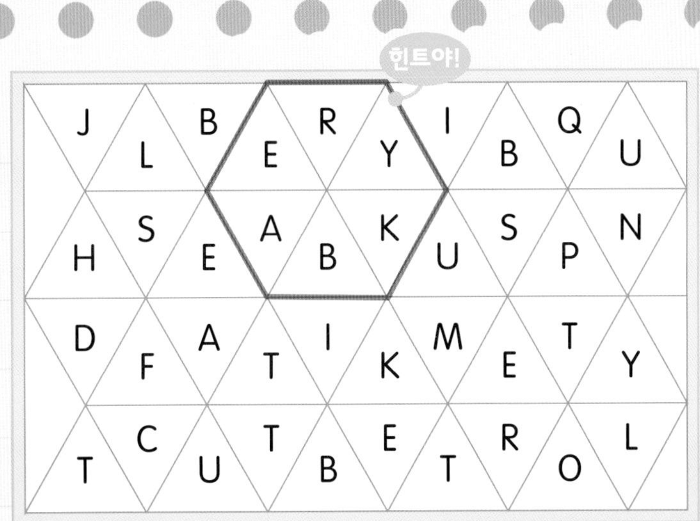

Yesterday, I went to the BAKERY in my town.

I wanted brown bread.

But the baker gave me white bread.

It was his ________.

I was very ________.

The baker ruined my breakfast.

I don't like bread made without ________.

-너의 친구 수진-

Q Do you like pizza? Yes ☐ No ☐

Why Are Pizzas Round?

Subject Words QR코드를 이용하여 단어를 듣고 따라 읽어보세요.

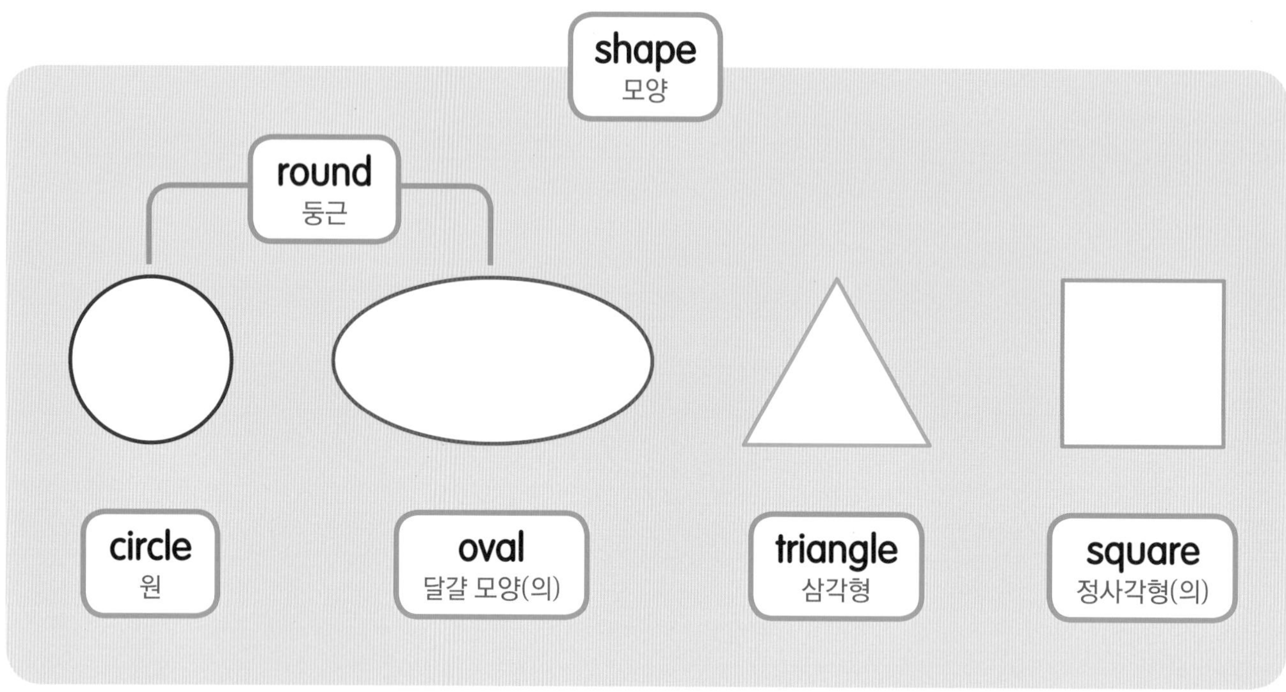

More Words QR코드를 이용하여 단어와 예문을 듣고 따라 읽어보세요.

The new machine is efficient.

He is putting toppings on the cake.

I am heating butter in a pan.

I spread jam on the bread evenly.

We cut the cake into ten pieces.

They have an equal number of apples.

Vocabulary Check

Subject Words 그림과 뜻을 보고 알맞은 단어를 쓰세요.

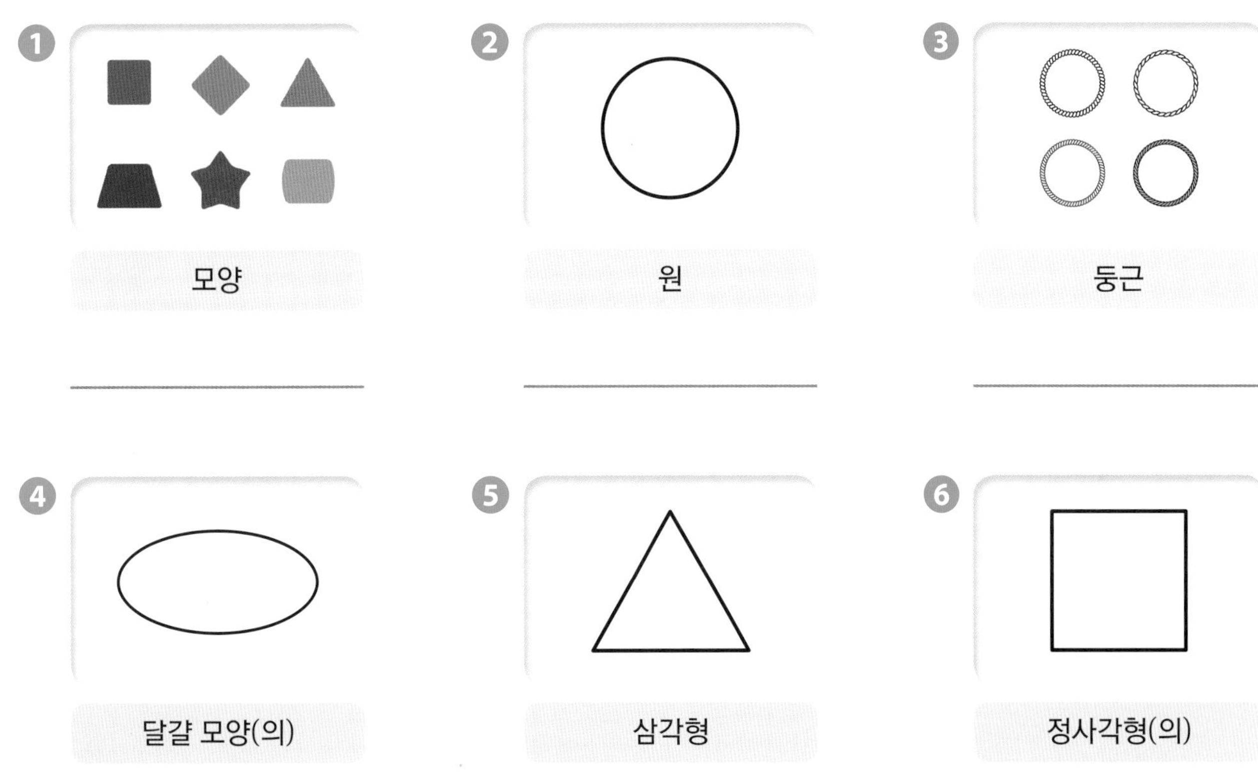

More Words 우리말에 맞는 문장이 되도록 알맞은 단어를 고르세요.

1. 나는 빵에 잼을 고르게 발랐습니다. I spread jam on the bread easily / evenly .
2. 나는 팬에 버터를 데우는 중입니다. I am reflecting / heating butter in a pan.
3. 새 기계는 효율적입니다. The new machine is efficient / effort .
4. 우리는 케이크를 열 조각으로 잘랐습니다. We put / cut the cake into ten pieces.
5. 그들은 같은 수의 사과를 가지고 있습니다. They have an equal / easy number of apples.
6. 그는 케이크 위에 토핑을 올리고 있습니다. He is putting toppings / strings on the cake.

Why Are Pizzas Round?

Hi, I'm Bob. I make pizzas.

I made round, oval, and square pizzas.

But now I only make round ones.

Do you know why? Because circles are efficient!

Key Grammar　주어로 쓰이는 동명사

Just spinning dough in the air makes it round.
반죽을 단지 공중에서 돌리는 것은 그것을 둥글게 만듭니다.

동사원형 뒤에 ing를 붙여서 만든 동명사는 명사처럼 주어로 쓰일 수 있어요. 동명사 주어는 '~하기', '~하는 것'이라고 해석하고 단수로 취급합니다.

예 Watching TV is fun. TV 보기는 재미있습니다.
Eating candy at night is not good. 밤에 사탕을 먹는 것은 좋지 않습니다.

First, I can put more toppings on round dough.

Let's make a circle with a string.

And Let's make a triangle and square with the string.

See? The circle has the largest area.

Second, I can make round pizzas more easily.

Just spinning dough in the air makes it round.

Making other shapes takes more time.

I can also heat the round pizza evenly.

And I can cut it into equal pieces too.

원 모양의 피자, 대칭이라 똑같이 나누기 편해요!

친구들과 피자 한 판을 똑같은 크기로 쉽게 조각 내 먹을 수 있는 건 바로 피자가 원 모양이기 때문이에요. 원은 한 점이나 한 직선, 한 면을 중심으로 양쪽의 크기랑 모양이 똑같은 대칭도형이에요. 따라서 원 모양의 피자 중간에 어떤 선을 그어 자르면, 그 선을 중심으로 크기와 모양이 같은 조각이 생긴답니다. 그래서 우리는 쉽게 피자를 나눌 수 있어요!

Comprehension Check

1 **다음 질문의 답으로 가장 적절한 것을 골라 보세요.**

ⓐ 이 글의 주제는 무엇인가요?

① how to make pizza with strings

② different kinds of toppings on pizza

③ circles as an efficient shape for pizza

ⓑ 같은 길이의 줄로 도형을 만들 때, 가장 면적이 넓은 도형은 무엇인가요?

① a circle ② a triangle ③ a square

ⓒ 둥근 피자에 관한 설명으로 알맞지 않은 것은 무엇인가요?

① We can heat it evenly.

② We can cut it into equal pieces.

③ We cannot put more toppings on it.

2 **다음 문장을 읽고 맞으면 T, 틀리면 F에 표시하세요.**

① Spinning dough in the air makes it triangular. T : F

② Making round dough takes more time than making square dough. T : F

③ Bob can cut round pizza into equal pieces. T : F

3 **다음 질문에 알맞은 답이 되도록 빈칸에 들어갈 말을 본문에서 찾아 써보세요.**

Q Why does Bob only make round pizzas?

A It's because circles are ______________.

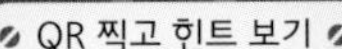

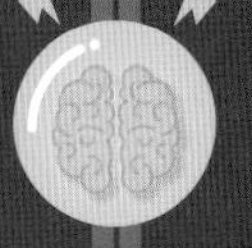

Brain Power

흥미로운 미션을 풀고 코딩을 위한 사고력도 길러보세요!

1 추상화 사고력

아래에 그림 카드들이 모여져 있어요. 단서 를 참고하여 아래 그림들과 공통으로 관련된 영어 단어와 그 뜻을 써보세요.

단서

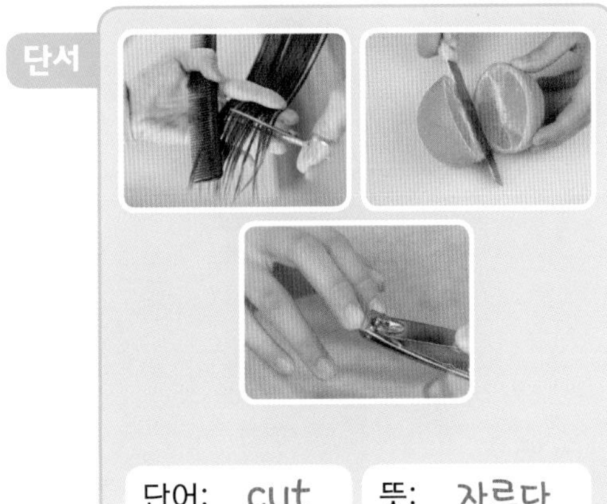

단어: cut 뜻: 자르다

❶

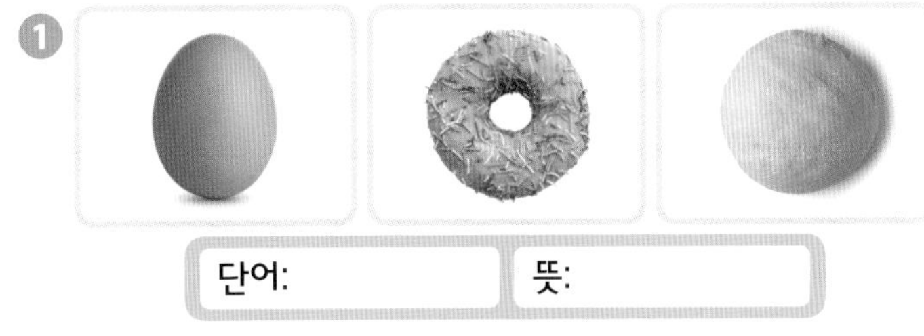

단어: 뜻:

❷

단어: 뜻:

2 문제 해결력

Bob's Pizza에서는 이 가게에서 판매하는 피자의 특징을 알맞게 이야기하면 피자를 50% 할인해준다고 합니다. 세 명의 고객은 총 얼마를 지불했을까요?

We can heat this pizza evenly.

Spinning dough in the air makes this pizza round.

Making this pizza takes more time than triangular pizza.

Total: won

Wrap UP!

Unit 01 **다음은 빵을 만드는 과정에 관한 설명입니다. 주어진 문장 뒤에 올 문장들을 순서에 맞게 번호를 적어보세요.**

Make bread dough with flour and water.

- ☐ The bread feels soft.
- ☐ Yeast makes gas bubbles in the dough.
- ☐ Add yeast.
- ☐ The bubbles become the empty space in bread.

기억이 안 난다면? 42쪽으로 이동하세요.

Unit 02 **다음 중 각 빵 친구들이 할 법한 말을 찾아 알맞게 연결해보세요.**

I am a pastry.
I'm crispy on the outside.
I'm soft on the inside!

2

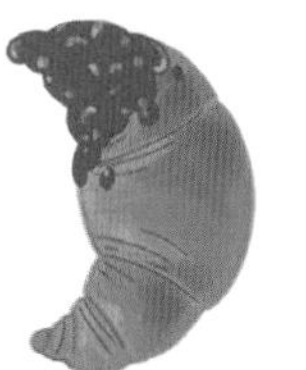

I am baked bread.
I'm made soft or hard.
I taste good with salt.

3

I am fried bread.
I have a lot of sugar.
I taste sweet!

기억이 안 난다면? 48쪽으로 이동하세요.

Unit 03 사다리를 타고 내려와 단어를 완성한 후, 알맞은 뜻 옆에 그 단어를 써보세요.

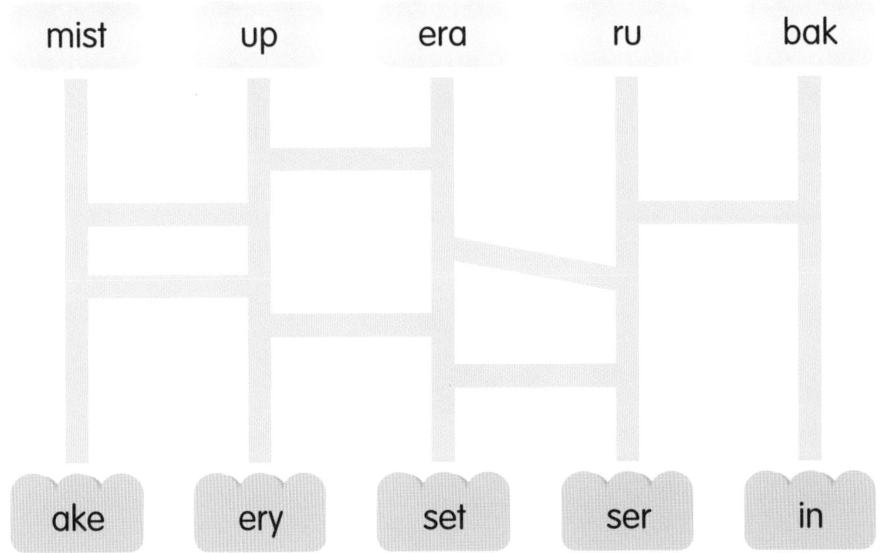

1. 빵집
2. 지우개
3. 마음이 상한
4. 실수
5. 망치다

기억이 안 난다면? 54쪽으로 이동하세요.

Unit 04 보기 에서 알맞은 말을 골라 빈칸을 완성해보세요.

보기	evenly	equal	toppings	cut

I make round pizzas, because I can ...

1.  put more ______ on round dough
2.  make round dough more easily by spinning it
3.  heat round pizza ______
4. 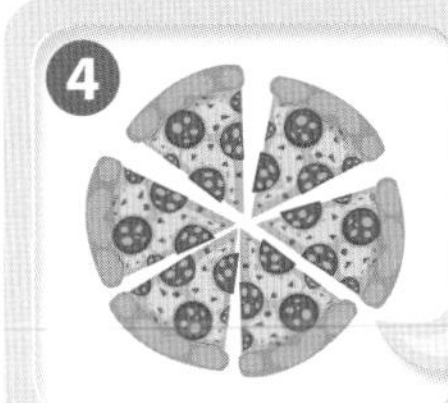 ______ round pizza into ______ pieces

기억이 안 난다면? 60쪽으로 이동하세요.

쉬어가기

물음표에 들어갈 알맞은 것을 골라보세요.

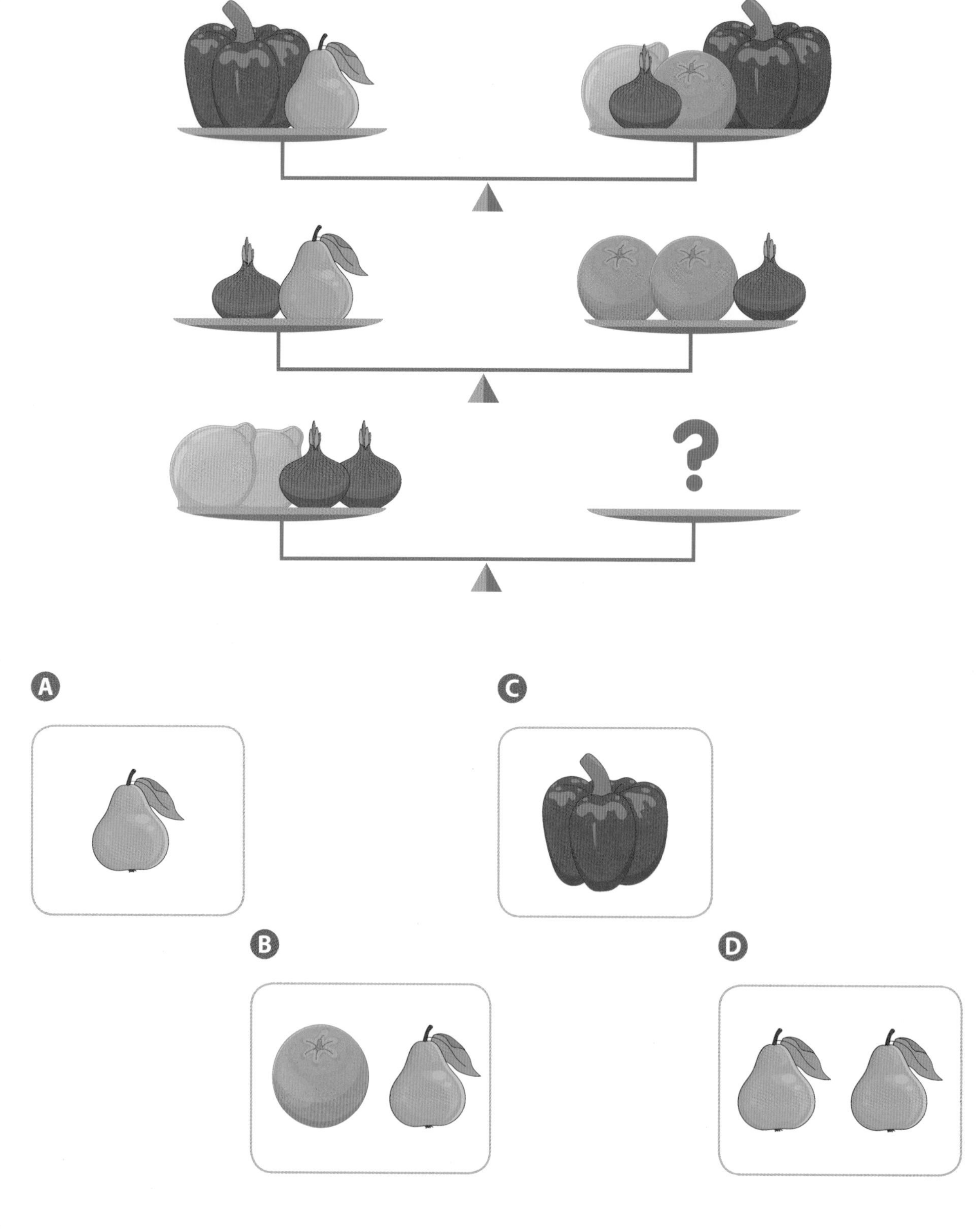

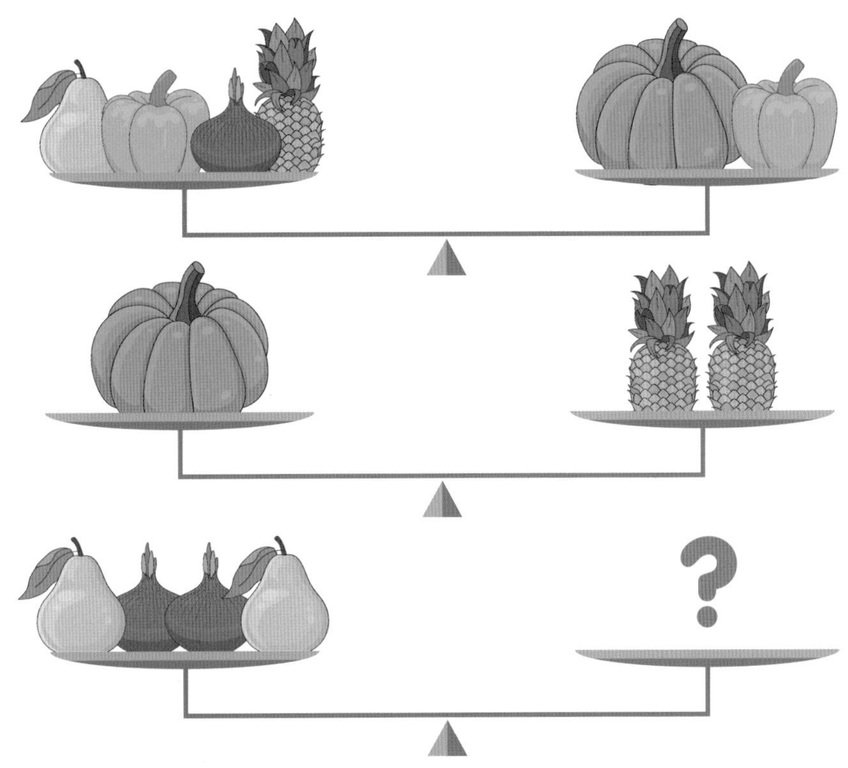

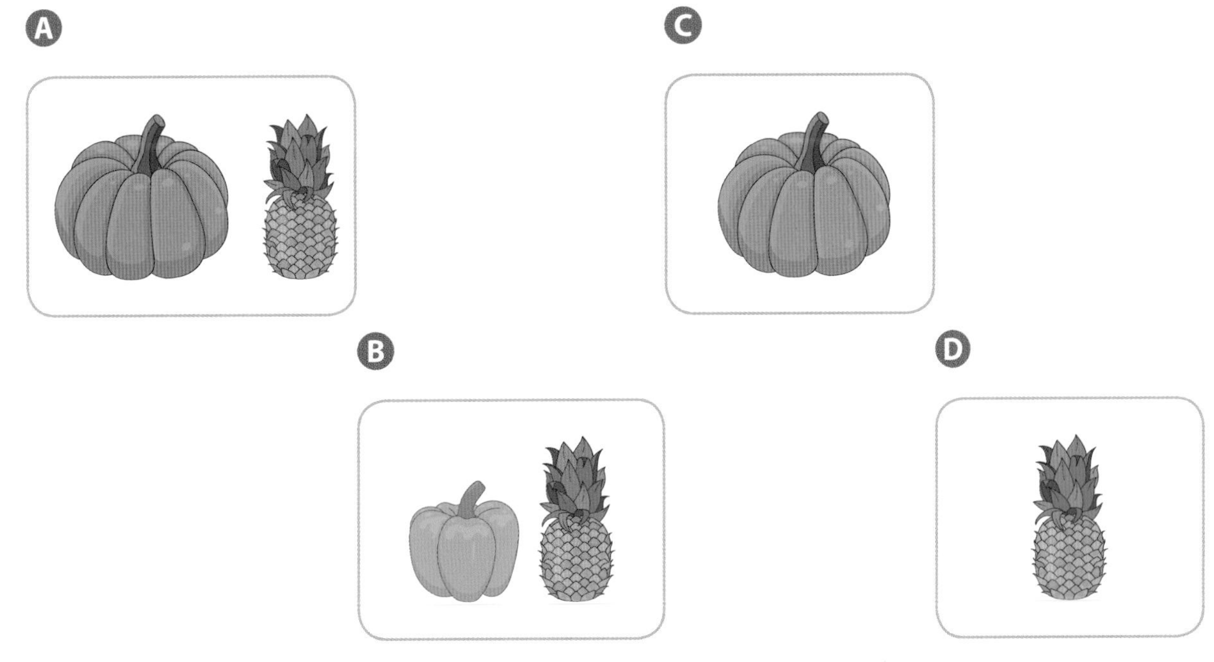
A
C
B
D

Chapter 3 Gold

고대인들에게 금은 태양과 같이 여겨질 정도로 귀중한 물질이었어요. 오늘날에도 우리는 첫 생일을 맞은 아이에게 금반지를 선물하고, 연인들은 변치 않는 사랑을 약속하며 금반지를 나눠 끼는 등 금은 여전히 귀하게 여겨지고 있어요. 이러한 금을 미술 재료로 사용한 예술가도 있답니다. 이번 Chapter에서는 금에 얽힌 다양한 이야기를 만나볼까요?

과학

UNIT 01

Gold and Copper

사회

UNIT 02

Finding a Solution with Gold

미술

UNIT 03

Klimt's Golden Paintings

수학

UNIT 04

The King's Gold

Chapter Q Do you have anything made of gold?

Q What is the difference between gold and copper?

Gold and Copper

Subject Words QR코드를 이용하여 단어를 듣고 따라 읽어보세요.

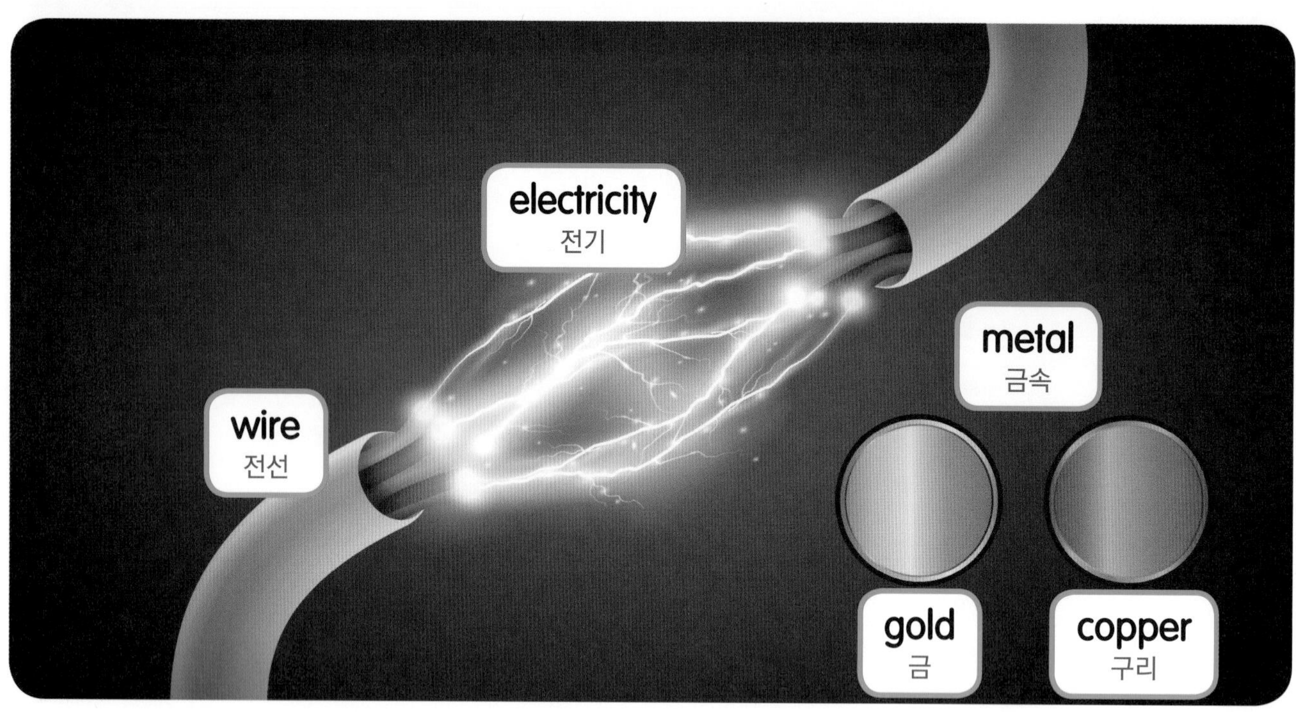

More Words QR코드를 이용하여 단어와 예문을 듣고 따라 읽어보세요.

We watch movies at home.

I play games on my computer.

The river flows through the forest.

I usually get up at 7.

Metal conducts heat well.

This car looks expensive.

Vocabulary Check

Subject Words 그림과 뜻을 보고 알맞은 단어를 쓰세요.

1

전기
____

2

전선
____

3
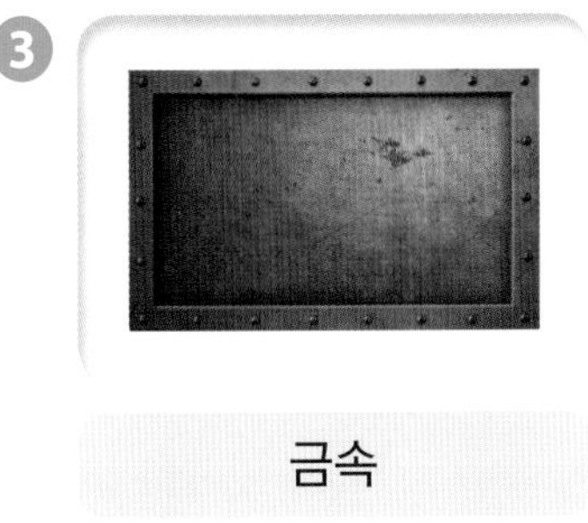
금속
____

4

구리
____

5

금
____

More Words 우리말에 맞는 문장이 되도록 알맞은 단어를 고르세요.

1. 나는 보통 7시에 일어납니다. — I usually / evenly get up at 7.
2. 이 자동차는 비싸 보입니다. — This car looks cheap / expensive .
3. 우리는 집에서 영화를 봅니다. — We watch / match movies at home.
4. 금속은 열을 잘 전도합니다. — Metal connects / conducts heat well.
5. 나는 내 컴퓨터로 게임을 합니다. — I play games on my computer / generator .
6. 강이 숲을 통해 흐릅니다. — The river flows / reflects through the forest.

지문을 듣고
따라 읽어보세요.

Gold and Copper

You can watch TV.

You can play games on your computer.

It's all thanks to electricity.

How do we get electricity?

Wires carry it to our house.

Electricity easily flows through most metals.

So the wires are made of metal.

Then what metals do we use?

Key Grammar | much + 비교 표현

Gold is much more expensive than copper. 금은 구리보다 훨씬 더 비쌉니다.

비교 표현 앞에 'much'를 쓰면 '훨씬 더 ~한'이라는 의미로 비교 표현을 강조할 수 있어요. much 대신에 even, far 등으로 바꿔쓸 수 있습니다.

예 My bag is much bigger than yours. 내 가방이 당신의 가방보다 훨씬 더 큽니다.
For me, Chinese is even more difficult than Japanese. 나에게 중국어가 일본어보다 훨씬 더 어렵습니다.

Copper is a kind of metal.

We usually use copper for wires.

It conducts electricity well.

It is cheap. And it is common.

Gold is a kind of metal too.

It also conducts electricity well.

But we don't usually use gold for wires.

It is much more expensive than copper.

And it is much rarer than copper.

전기가 가장 잘 통하는 금속은?

찌릿찌릿, 전기가 가장 잘 통하는 금속은 무엇일까요? 바로 은이에요! 하지만 전선을 만들 때는 은이 아닌 구리를 주로 사용해요. 왜일까요? 구리가 은보다 구하기 쉽고 값이 싸기 때문이랍니다. 은은 금과 마찬가지로 귀금속으로 여겨져 보통 보석을 만드는 데 사용돼요. 대신, 매우 정교한 기계장치에는 은을 사용하기도 한답니다.

Comprehension Check

1 다음 질문의 답으로 가장 적절한 것을 골라 보세요.

ⓐ 이 글의 주제는 무엇인가요?

① how we get electricity
② why we use gold for wires
③ two different kinds of metals

ⓑ 전선으로 보통 구리를 쓰는 이유는 무엇인가요?

① because it's rare
② because it's common
③ because it's expensive

ⓒ 금에 관한 설명으로 알맞지 않은 것은 무엇인가요?

① It is a kind of metal.
② It is much rarer than copper.
③ It doesn't conduct electricity well.

2 다음 문장을 읽고 맞으면 T, 틀리면 F에 표시하세요.

① Electricity flows through most metals.	T	F
② Copper is much cheaper than gold.	T	F
③ Gold is very expensive but common.	T	F

3 다음 질문에 알맞은 답이 되도록 빈칸에 들어갈 말을 본문에서 찾아 써보세요.

Q Why don't we usually use gold for wires?
A It's because gold is much ____________ and more ____________ than copper.

QR 찍고 힌트 보기

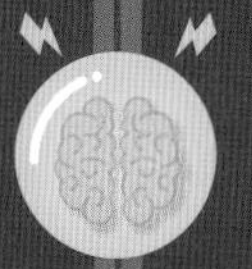

Brain Power

흥미로운 미션을 풀고 코딩을 위한 사고력도 길러보세요!

문제 해결력 주어진 단서를 따라 교차로를 통과하면 보석이 들어있는 상자를 손에 넣을 수 있습니다. 보석 상자를 찾아봅시다.

단서
- gold와 관련된 단어: ↓
- copper와 관련된 단어: →
- 둘 다 관련된 단어: ↑

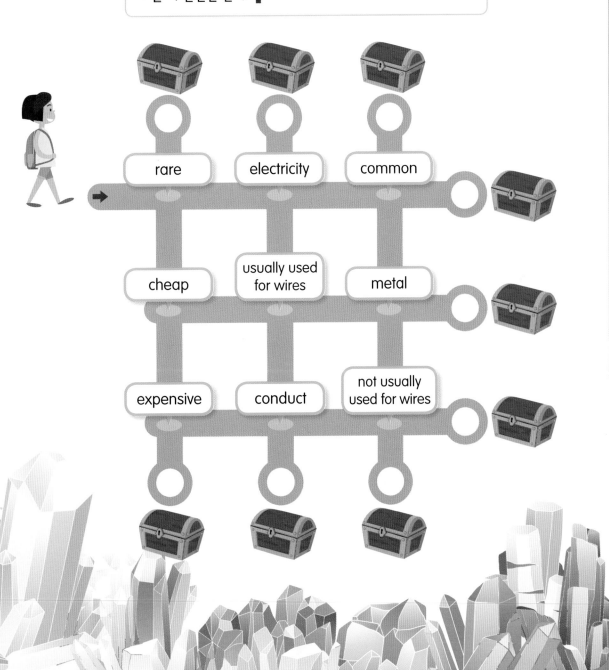

rare	electricity	common
cheap	usually used for wires	metal
expensive	conduct	not usually used for wires

Finding a Solution with Gold

Subject Words QR코드를 이용하여 단어를 듣고 따라 읽어보세요.

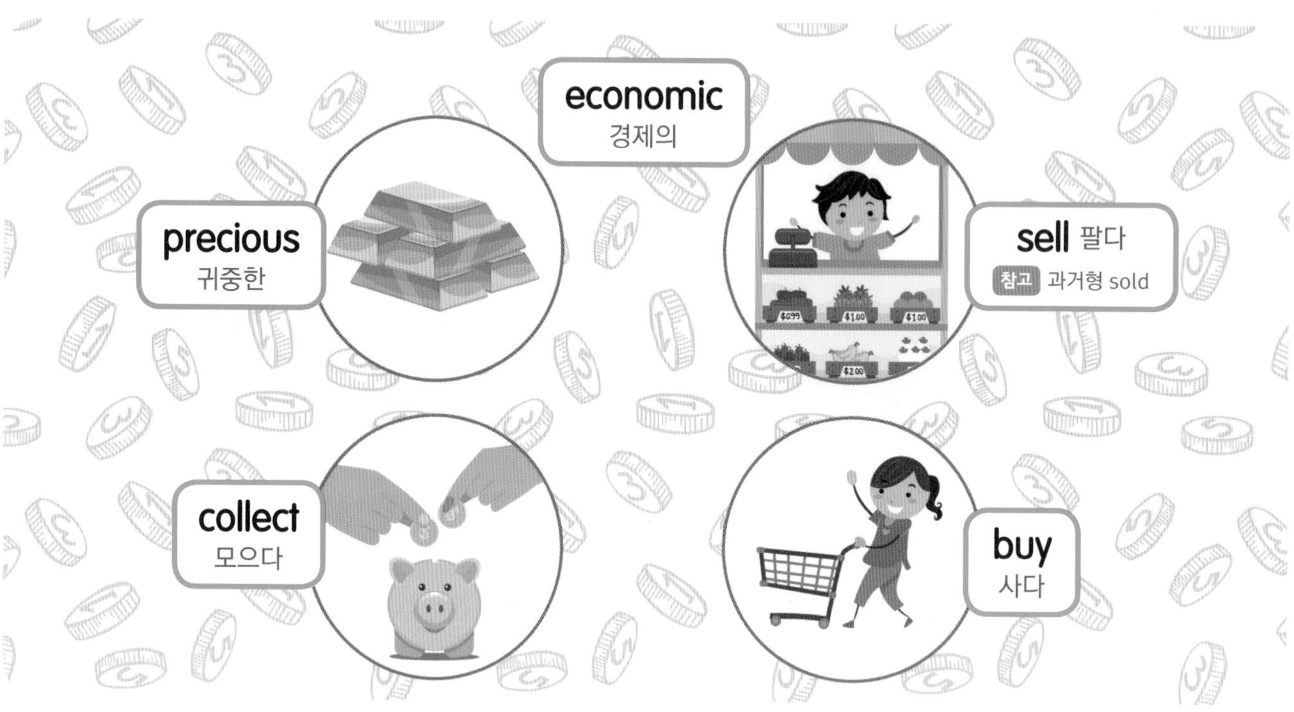

More Words QR코드를 이용하여 단어와 예문을 듣고 따라 읽어보세요.

The boy has difficulty in math.

He found the solution.

The man is selling jewelry.

James is a soccer player.

The winner gets a gold medal.

He wants to overcome the problem.

Vocabulary Check

Subject Words 그림과 뜻을 보고 알맞은 단어를 쓰세요.

1 

경제의

____

2 

사다

____

3 

팔다

____

4 

귀중한

____

5 

모으다

____

More Words 우리말에 맞는 문장이 되도록 알맞은 단어를 고르세요.

1 남자는 보석류를 팔고 있습니다. The man is selling pastry / jewelry .

2 그는 해결책을 찾았습니다. He found the solution / emotion .

3 James는 축구 선수입니다. James is a soccer fan / player .

4 우승자는 금메달을 받습니다. The winner gets a gold medal / ring .

5 그는 문제를 극복하고 싶어합니다. He wants to discover / overcome the problem.

6 소년이 수학에 어려움을 느낍니다. The boy has density / difficulty in math.

Finding a Solution with Gold

One day, Juho saw a picture of his parents.

They were wearing gold rings in the picture.

But they didn't wear those rings anymore.

Mom, where are those rings?

Oh, we don't have those rings anymore. We sold them.

Why did you sell them?

In 1997, Korea had economic difficulty.

We thought gold could be a solution.

Key Grammar to 부정사

We collected gold to sell it to other countries. 우리는 다른 나라에 팔기 위해 금을 모았습니다.

'~하기 위해'는 영어로 동사원형 앞에 to를 써서 표현할 수 있어요. 우리는 이런 'to+동사원형'을 to 부정사라고 부릅니다.

예 I will go to the bookstore to buy a book. 나는 책을 사기 위해 서점에 갈 것입니다.
Helen studied hard to become a doctor. Helen은 의사가 되기 위해 열심히 공부했습니다.

How could gold be a solution?

Gold is precious around the world.

Many countries buy and sell gold.

So we collected gold to sell it to other countries.

We sold our jewelry.

Some sports players sold their gold medals.

That is amazing!

Yes, it was.

We made an effort together to overcome our country's difficulty.

모두가 힘을 모아 경제 위기를 극복하다!

1997년, 우리나라는 기업들이 외국에서 빌린 돈을 갚지 못해 파산할 위기에 처했어요. 결국 정부는 국제통화기금(IMF)에서 돈을 빌려야만 했죠. 당시 많은 기업들은 문을 닫았고, 사람들은 일자리를 잃었어요. 이런 어려움을 극복하기 위해 국민들은 쓰지 않는 금을 모아 파는 '금 모으기 운동'을 시작했습니다. 금 모으기 운동은 오늘까지도 국민들의 자발적인 희생정신의 대표적인 사례로 손꼽힌답니다.

Comprehension Check

1 다음 질문의 답으로 가장 적절한 것을 골라 보세요.

ⓐ 이 글의 주제는 무엇인가요?

① why sports players sold gold
② how countries buy and sell gold
③ how people overcame difficulty with gold

ⓑ 다음 중 Juho의 엄마가 기부한 것은 무엇인가요?

① picture ② ring ③ medal

ⓒ 금 모으기 운동에 관한 설명으로 알맞지 않은 것은 무엇인가요?

① People collected gold to help other countries.
② Some people sold their jewelry.
③ Some sports players sold their gold medals.

2 다음 문장을 읽고 맞으면 T, 틀리면 F에 표시하세요.

① Juho's parents sold their gold medals. T : F
② In 1997, there was economic difficulty in Korea. T : F
③ Gold is precious around the world. T : F

3 다음 질문에 알맞은 답이 되도록 빈칸에 들어갈 말을 본문에서 찾아 써보세요.

Q How did Korean people overcome economic difficulty in 1997?

A They ____________ gold to ____________ it to other countries.

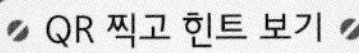

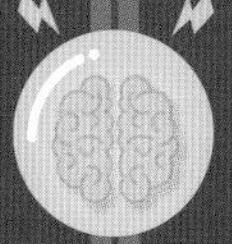

Brain Power

흥미로운 미션을 풀고 코딩을 위한 사고력도 길러보세요!

1 절차적 사고력 세 친구가 한 명씩 돌아가면서 영어 단어를 이야기하면, 그 단어를 이루는 알파벳이 적힌 칸을 지워나가는 빙고 게임을 하고 있어요. 빈칸을 모두 채우고, 가장 많은 줄을 완성한 친구와 가장 적은 줄을 완성한 친구를 맞혀보세요.

첫 번째 제시어
단어: sell
힌트 뜻 – 팔다

두 번째 제시어
단어: ________
힌트 뜻 – 선수

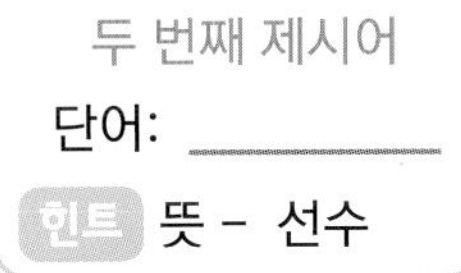

세 번째 제시어
단어: ________
힌트 뜻 – 귀중한

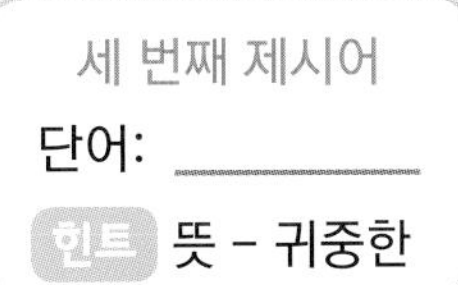

Rosie

V	M	C
~~E~~	Y	~~L~~
P	R	A

Alice

A	F	P
C	~~E~~	Y
R	O	N

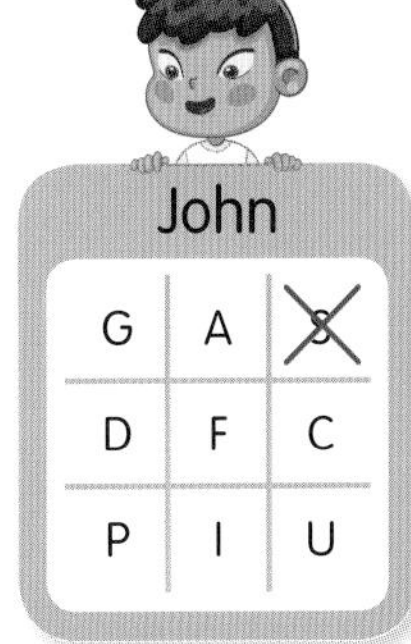

John

G	A	~~S~~
D	F	C
P	I	U

가장 많이 완성한 친구

가장 적게 완성한 친구

2 추상화 사고력 보기 와 같은 모양과 색의 도형을 단어 퍼즐 안에서 찾고 그 안의 알파벳을 아래의 빈칸에 채워 문장을 완성해보세요.

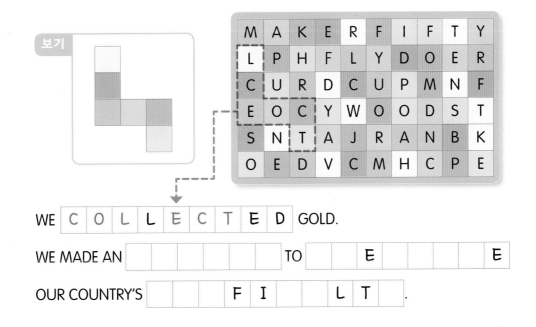

보기

M	A	K	E	R	F	I	F	T	Y
L	P	H	F	L	Y	D	O	E	R
C	U	R	D	C	U	P	M	N	F
E	O	C	Y	W	O	O	D	S	T
S	N	T	A	J	R	A	N	B	K
O	E	D	V	C	M	H	C	P	E

WE C O L L E C T E D GOLD.

WE MADE AN _ _ _ _ _ _ TO _ E _ _ _ _ E

OUR COUNTRY'S _ _ _ F I _ _ L T _ .

Q What do you want to paint with the color gold?

Klimt's Golden Paintings

Subject Words QR코드를 이용하여 단어를 듣고 따라 읽어보세요.

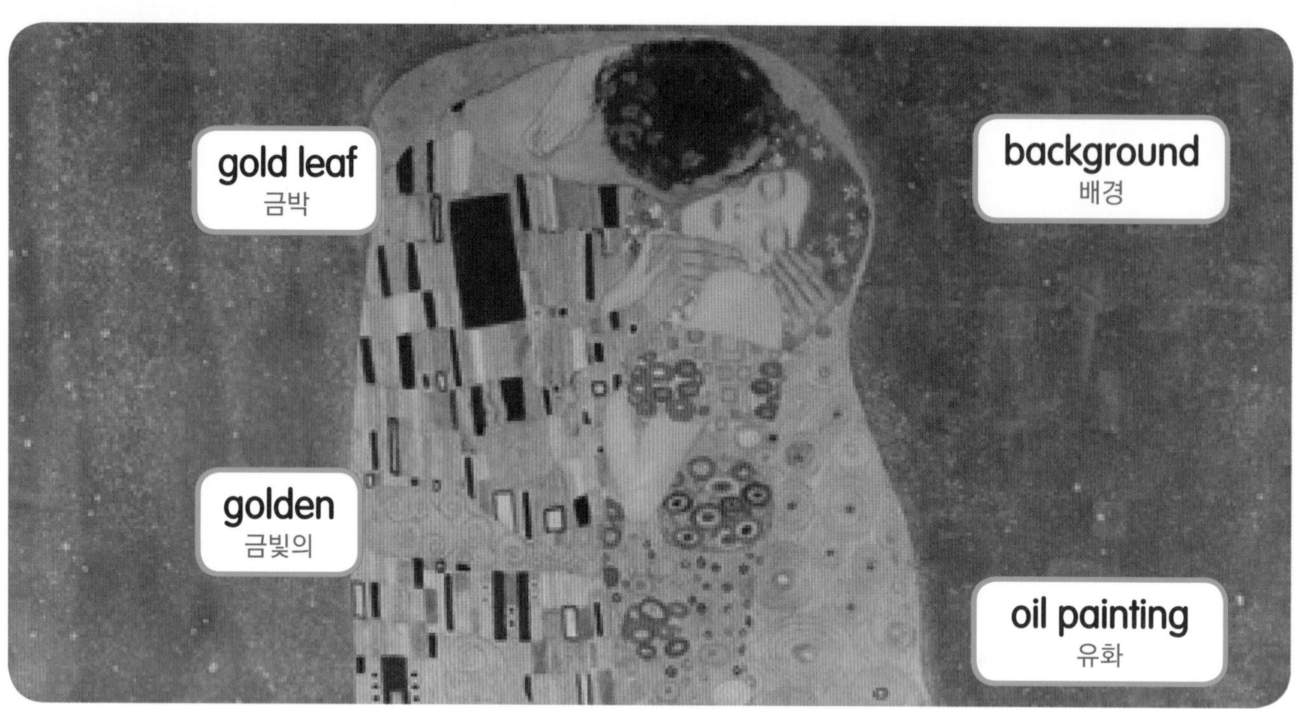

More Words QR코드를 이용하여 단어와 예문을 듣고 따라 읽어보세요.

The couple is walking in a field.

The boy is hugging his dog.

The mother is kissing her baby.

Her cheeks are red.

My father is a gold engraver.

He can handle the tool well.

Vocabulary Check

Subject Words 그림과 뜻을 보고 알맞은 단어를 쓰세요.

1 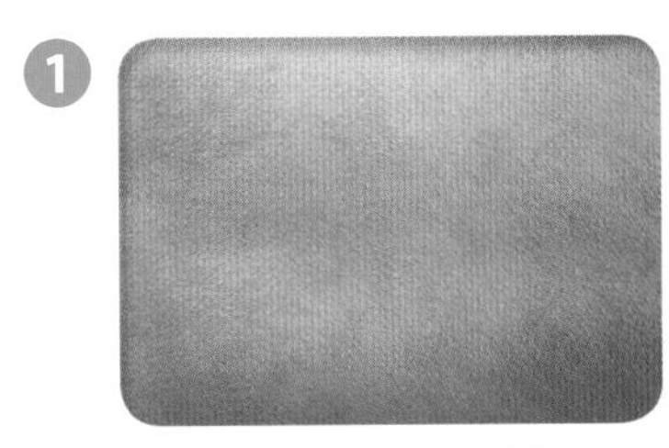

금빛의

____

2 

금박

____

3 

배경

____

4 

유화

____

More Words 우리말에 맞는 문장이 되도록 알맞은 단어를 고르세요.

1 그녀의 볼은 붉습니다. Her cheeks / eyes are red.

2 나의 아버지는 금 조각사입니다. My father is a gold miner / engraver .

3 소년이 그의 개를 껴안고 있습니다. The boy is carrying / hugging his dog.

4 두 사람이 들판을 걷고 있습니다. The couple / purple is walking in a field.

5 그는 도구를 잘 다룰 수 있습니다. He can handle / conduct the tool well.

6 엄마가 그녀의 아기에게 입을 맞추고 있습니다. The mother is kissing / watching her baby.

Klimt's Golden Paintings

구스타프 클림트 <생명의 나무>

구스타프 클림트 <연인(키스)>

Look at this painting.

There is a couple.

The man is hugging the woman.

He is kissing her on the cheek.

They are both wearing golden clothes.

The background of the painting is golden too.

Key Grammar be famous for ~

Klimt is famous for using gold in his paintings.
클림트는 그의 그림에 금을 사용하는 것으로 유명합니다.

'be famous for ~'는 '~로 유명합니다'라는 의미로, for 뒤에는 명사(구)나 동명사를 씁니다.

예 The island is famous for nice beaches. 그 섬은 멋진 해변으로 유명합니다.
She is famous for writing children's books. 그녀는 어린이 책을 쓴 것으로 유명합니다.

It was painted by Gustav Klimt.
구스타프 클림트

It is an oil painting with gold.

It is his most popular work.

He is famous for using gold in his paintings.

구스타프 클림트
<아델레 블로흐-바우어의 초상>

Klimt's father was a gold engraver.

Klimt learned how to handle gold.

So he used gold leaf in his paintings.

He used gold paint too.

구스타프 클림트
<팔라스 아테나>

Klimt is famous for painting many women.

He often used gold in these paintings.

They are very colorful and beautiful!

베일에 싸인 화가, 구스타프 클림트(Gustav Klimt)

클림트는 자기 자신을 드러내는 것을 어려워했어요. 그래서 자신의 사생활은 물론, 자신에 관한 글이나 자화상도 한 점 남기지 않았답니다. 그는 다음과 같은 말을 했어요. "나는 결코 자화상을 그린 적이 없습니다. 나 자신이 그림의 소재로는 그다지 흥미를 끌지 않기 때문입니다. 그보다는 다른 사람들, 특히 여성들이 내 관심을 끕니다." 클림트는 정말 비밀스러운 화가였죠?

Comprehension Check

1 다음 질문의 답으로 가장 적절한 것을 골라 보세요.

ⓐ 이 글의 주제는 무엇인가요?

① gold as a painting tool

② a painter's golden paintings

③ the most popular painting of a couple

ⓑ 구스타프 클림트(Gustav Klimt)의 <연인(키스)> 작품에서 금색이 아닌 부분은 어디인가요?

① cheek ② clothes ③ background

ⓒ 구스타프 클림트(Gustav Klimt)에 관한 설명으로 알맞지 않은 것은 무엇인가요?

① He was a gold engraver.

② He learned how to handle gold.

③ He used gold paint in his paintings.

2 다음 문장을 읽고 맞으면 T, 틀리면 F에 표시하세요.

① In one of Klimt's paintings, a woman is kissing a man on the cheek. T F

② Klimt's paintings are very colorful. T F

③ Klimt used gold in many paintings of women. T F

3 다음 질문에 알맞은 답이 되도록 빈칸에 들어갈 말을 본문에서 찾아 써보세요.

Q What is Klimt famous for?

A He is famous for ____________ gold in his paintings and ____________ many women.

QR 찍고 힌트 보기

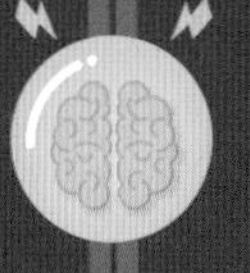

Brain Power

흥미로운 미션을 풀고 코딩을 위한 사고력도 길러보세요!

1 절차적 사고력 세 가지 색깔의 색연필로 같은 색끼리 이웃하지 않도록 빈 곳을 색칠하세요. 그리고 같은 색 칸에 쓰여 있는 알파벳을 모아 단어를 만들고 그 뜻도 함께 써보세요.

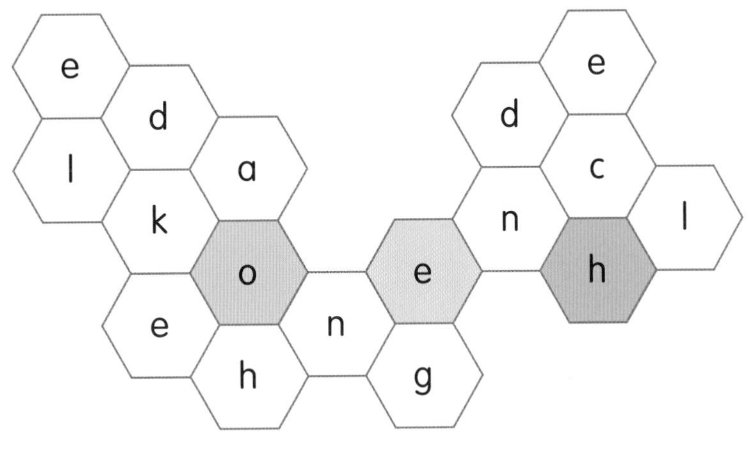

단어:
뜻:

단어:
뜻:

단어:
뜻:

2 문제 해결력 금이 묻혀 있다는 땅에서 금을 캐려고 합니다. 단서를 참고하여 지도 상에서 금이 묻혀있는 땅의 넓이의 총합을 구해보세요.

단서 Gustav Klimt에 관해 알맞은 설명이 적힌 땅에 금이 묻혀 있다.

넓이 총 cm^2

	5cm	8cm	10cm
3cm	He painted oil paintings with gold.	In one of his paintings, a man is hugging a woman.	He didn't use gold paint.
3cm	He was a gold engraver.	The painting of a couple is his most popular work.	In one of his paintings, a couple is wearing colorful clothes.
3cm	He often wore golden clothes.	He used gold leaf in his paintings.	He learned how to handle gold.

The King's Gold

Character of the story QR코드를 이용하여 단어를 듣고, 이야기의 등장인물들을 살펴봅시다.

More Words QR코드를 이용하여 단어와 예문을 듣고 따라 읽어보세요.

She decided to eat an apple.

I want to ask you something.

I ate a quarter of an apple.

We share pizza.

He ate the rest of the cake.

This car uses the least gas.

Vocabulary Check

Character of the story 그림과 뜻을 보고 빈칸에 알맞은 단어를 쓰세요.

More Words 우리말에 맞는 문장이 되도록 알맞은 단어를 고르세요.

1. 우리는 피자를 나눕니다. We share / save pizza.
2. 나는 당신에게 무언가를 묻고 싶습니다. I want to ask / add you something.
3. 나는 사과의 4분의 1을 먹었습니다. I ate a half / quarter of an apple.
4. 그녀는 사과 하나를 먹기로 결정했습니다. She decided / detected to eat an apple.
5. 이 자동차는 가장 적은 기름을 씁니다. This car uses the least / little gas.
6. 그는 케이크의 나머지를 먹었습니다. He ate the result / rest of the cake.

The King's Gold

There was a wise king.

He had four sons.

He had 32 kilograms of gold.

He decided to give the gold to his sons.

The king asked his sons,

"How much gold do you want?"

The greedy oldest son wanted half of the gold.

The second-oldest son wanted a quarter of the gold.

Key Grammar How much ~?

How much gold do you want? 너는 얼마의 금을 원하느냐?

금이나 시간, 돈 등의 양을 물을 때는 'How much ~?'를 써서 '얼마의 ~?' 의미로 표현할 수 있어요.

예 How much money do we have? 우리는 얼마의 돈이 있나요?
How much time do you need? 당신은 얼마의 시간이 필요한가요?

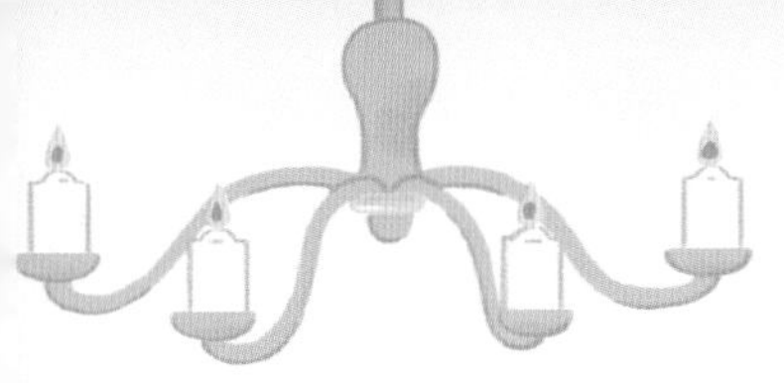

Then the king's two youngest sons said,

"We will share the rest of the gold."

So they received 4 kilograms of gold each.

Then the king said,

"In fact, I have 32 more kilograms of gold.

I want to give this gold to the one with the least gold."

So the king gave each of his youngest sons half of this gold.

How much gold does each son have?

그래서 네 명의 왕자들은 금을 얼마나 가졌을까?

처음에 왕에게는 금 32 kg이 있었어요. 첫째 왕자는 이것의 절반인 16 kg을 가졌고, 둘째 왕자는 4분의 1인 8 kg의 금을 가졌죠. 셋째 왕자는 남은 8 kg의 금을 막내 왕자와 4 kg씩 나눠 가졌어요. 그런데 왕에게는 32 kg의 금이 더 있었고, 이것을 금이 가장 적은 셋째와 넷째 아들에게 똑같이 나누어 주었어요. 결국 셋째와 막내 왕자는 각각 16 kg의 금을 더 받아, 총 금 20 kg을 가지게 되었답니다.

Comprehension Check

1 다음 질문의 답으로 가장 적절한 것을 골라 보세요.

ⓐ 다음 중 욕심이 많은 아들은 누구인가요?

① the oldest son ② the third-oldest son ③ the youngest son

ⓑ 왕이 가지고 있던 금의 양은 총 얼마인가요?

① 32 kilograms ② 48 kilograms ③ 64 kilograms

ⓒ 왕에 관한 설명으로 알맞은 것은 무엇인가요?

① He had four sons.

② He had 32 kilograms of gold in total.

③ He gave his youngest son the least gold.

2 다음 문장을 읽고 맞으면 T, 틀리면 F에 표시하세요.

① The oldest son received the most gold among the four sons.	T : F
② The second-oldest son received more gold than the first son.	T : F
③ The king's two youngest sons got the same amount of gold.	T : F

3 다음 질문에 알맞은 답이 되도록 빈칸에 숫자를 써보세요.

Q How much gold does each son have?

A The oldest son has ________ kg of gold, the second-oldest son has ________ kg of gold, and the two youngest sons have ________ kg of gold each.

QR 찍고 힌트 보기

Brain Power

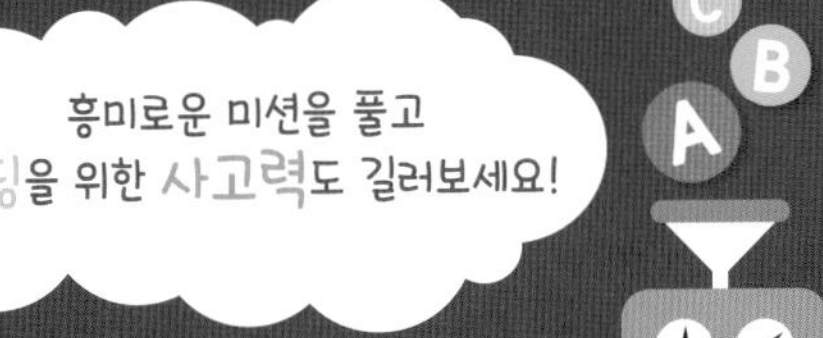

흥미로운 미션을 풀고
코딩을 위한 사고력도 길러보세요!

추상화 사고력

표에서 일부 알파벳 위에 마르지 않은 금색 물감이 칠해져 있어요. 빨간 선을 기준으로 접었을 때 물감이 묻는 반대편의 알파벳들을 조합해서 단어를 만들고 그 뜻도 함께 써보세요.

B	E	R	D	S	W
J	U	C	G	I	P
N	G	A	H	O	F
U	Q	L	W	Y	E
R	P	T	S	E	C
I	N	O	D	P	M

단어: WISE
뜻: 현명한

C	A	R	O	L	U
T	P	C	G	S	N
K	F	E	J	B	F
R	U	M	E	T	S
T	H	O	R	A	C
A	M	N	D	E	I

단어:
뜻:

Y	F	E	D	D	W	R	O
K	O	R	G	B	G	D	L
V	H	E	H	C	E	R	F
O	A	U	L	Y	G	U	E
E	L	I	S	E	C	E	V
H	D	P	D	P	M	I	S
T	W	G	B	H	J	R	A
R	O	C	N	E	Y	E	K

단어:
뜻:

J	M	Z	H	A	I	P	C
F	B	E	X	B	G	D	V
R	H	T	C	D	N	M	A
Q	A	G	P	Y	F	E	U
S	W	I	C	E	D	Y	T
N	Q	P	R	E	M	J	I
R	F	G	U	L	O	Y	A
N	O	A	H	E	A	X	G

단어:
뜻:

Wrap UP!

Unit 01 아래 각 그림에 대한 알맞은 설명을 모두 골라 빈칸에 번호를 써보세요.

gold

copper

❶ It is cheap.

❷ It is expensive.

❸ We usually use it for wires.

❹ It is rare.

❺ We don't usually use it for wires.

❻ It is common.

기억이 안 난다면? 72쪽으로 이동하세요.

Unit 02 각 그림에 알맞은 단어 카드와 뜻 카드를 골라 빈칸에 써보세요.

solution	귀중한	팔다	해결책	medal
경제의	sell	메달	precious	economic

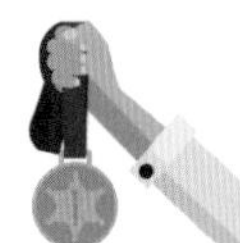

기억이 안 난다면? 78쪽으로 이동하세요.

Unit 03 보기 에서 알맞은 말을 골라 구스타프 클림트(Gustav Klimt)의 한 작품을 설명하는 글의 빈칸을 완성해보세요.

보기 gold kissing popular hugging

This is *The Kiss* by Gustav Klimt.
This is an oil painting with ______.
This is his most ______ work.
In this painting, a man is ______
and ______ a woman.

기억이 안 난다면? 84쪽으로 이동하세요.

Unit 04 각 그림을 나타내는 알맞은 단어에 V표시하고 그 뜻도 써보세요.

1

- ☐ divide
- ☐ decide

뜻: ______________

2
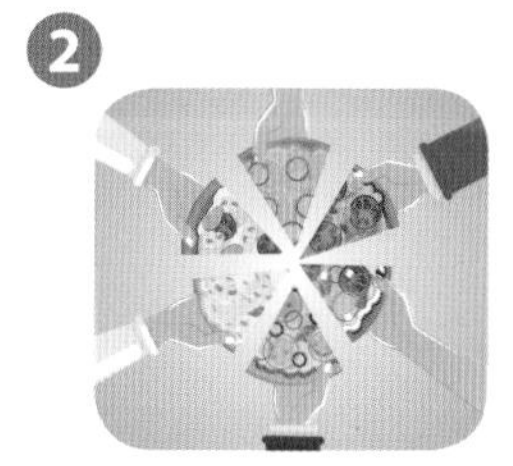

- ☐ shape
- ☐ share

뜻: ______________

3
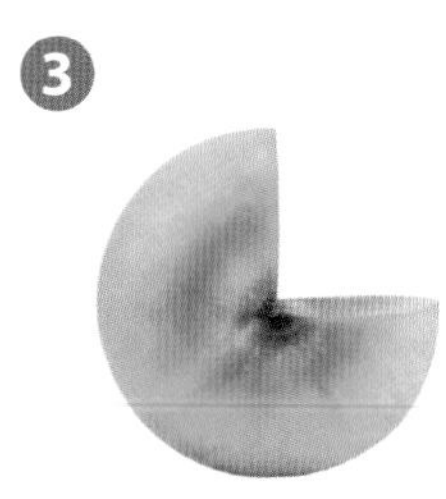

- ☐ square
- ☐ quarter

뜻: ______________

4

- ☐ ask
- ☐ grab

뜻: ______________

기억이 안 난다면? 90쪽으로 이동하세요.

쉬어가기

숫자가 적힌 동물들이 섞여 있습니다. 특정한 규칙에 따라 나열되도록 동물들을 배열하고, 가장 마지막에 올 수를 구하여 써보세요.

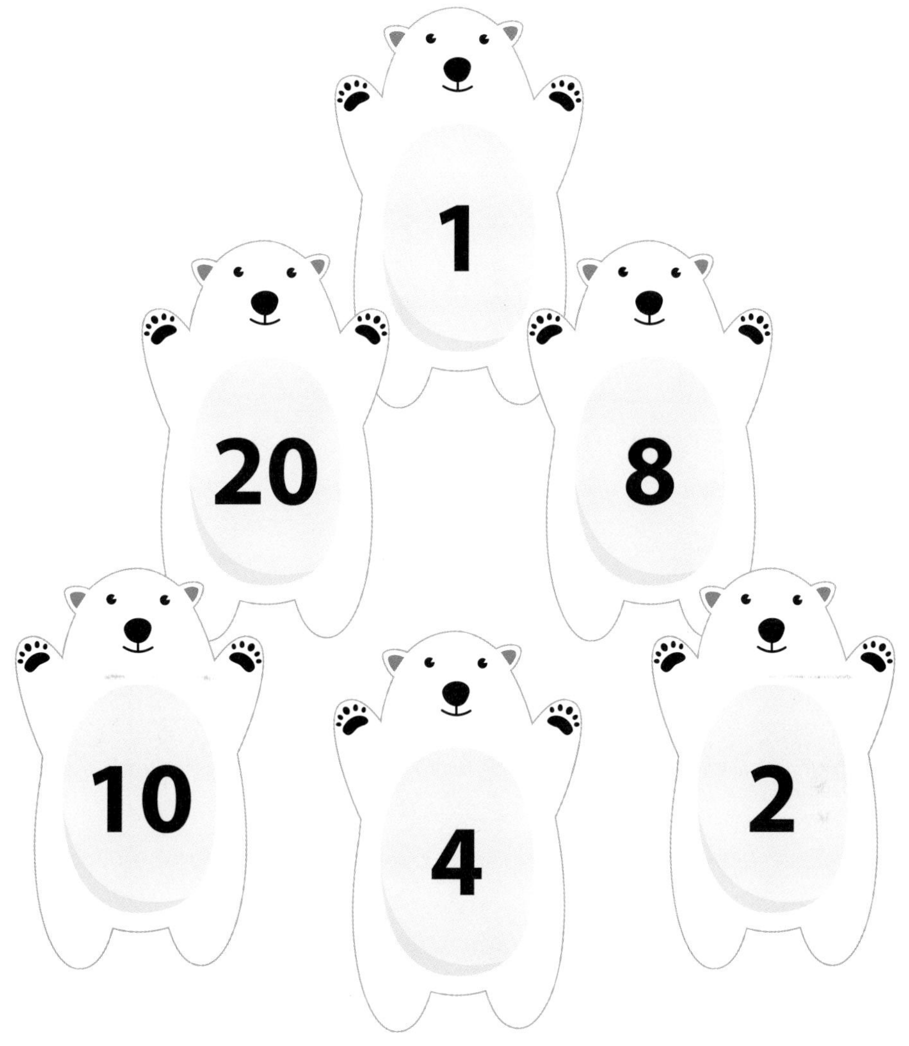

1
20
8
10
4
2

MEMO

MEMO

MEMO

Photo Credits

p. 71 https://commons.wikimedia.org/wiki/File:Klimt_Tree_of_Life_1909.jpg

p. 84 https://upload.wikimedia.org/wikipedia/commons/4/40/The_Kiss_-_Gustav_Klimt_-_Google_Cultural_Institute.jpg

p. 86 https://commons.wikimedia.org/wiki/File:Klimt_Tree_of_Life_1909.jpg
https://upload.wikimedia.org/wikipedia/commons/4/40/The_Kiss_-_Gustav_Klimt_-_Google_Cultural_Institute.jpg

p. 87 https://upload.wikimedia.org/wikipedia/commons/8/84/Gustav_Klimt_046.jpg
https://upload.wikimedia.org/wikipedia/commons/thumb/6/63/Klimt_-_Pallas_Athene.jpeg/2048px-Klimt_-_Pallas_Athene.jpeg

p. 97 https://upload.wikimedia.org/wikipedia/commons/4/40/The_Kiss_-_Gustav_Klimt_-_Google_Cultural_Institute.jpg

others

www.shutterstock.com
commons.wikimedia.org

지은이

NE능률 영어교육연구소

NE능률 영어교육연구소는 혁신적이며 효율적인 영어 교재를 개발하고 영어 학습의 질을 한 단계 높이고자 노력하는 NE능률의 연구조직입니다.

초등영어 리딩이 된다 Jump 4

펴 낸 이 주민홍
펴 낸 곳 서울특별시 마포구 월드컵북로 396(상암동) 누리꿈스퀘어 비즈니스타워 10층
㈜NE능률 (우편번호 03925)
펴 낸 날 2019년 1월 5일 초판 제1쇄
2019년 8월 15일 제3쇄
전 화 02 2014 7114
팩 스 02 3142 0356
홈페이지 www.neungyule.com
등록번호 제1-68호
I S B N 979-11-253-2504-8
정 가 14,000원

NE 능률

고객센터

교재 내용 문의 : contact.nebooks.co.kr (별도의 가입 절차 없이 작성 가능)
제품 구매, 교환, 불량, 반품 문의 : 02-2014-7114
☎ 전화문의는 본사 업무시간 중에만 가능합니다.

NE능률 교재 MAP

독해

아래 교재 MAP을 참고하여 본인의 현재 혹은 목표 수준에 따라 교재를 선택하세요.
NE능률 교재들과 함께 영어실력을 쑥쑥~ 올려보세요!
MP3 등 교재 부가 학습 서비스 및 자세한 교재 정보는 www.nebooks.co.kr 에서 확인하세요.

초2 이하

초3
- 리딩버디 1

초3-4
- 리딩버디 2
- 초등영어 리딩이 된다 Basic 1
- 초등영어 리딩이 된다 Basic 2
- 초등영어 리딩이 된다 Basic 3
- 초등영어 리딩이 된다 Basic 4

초4-5
- 리딩버디 3
- 주니어 리딩튜터 스타터 1

초5-6
- 초등영어 리딩이 된다 Jump 1
- 초등영어 리딩이 된다 Jump 2
- 초등영어 리딩이 된다 Jump 3
- 초등영어 리딩이 된다 Jump 4
- 주니어 리딩튜터 스타터 2

초6-예비중
- 1316팬클럽 독해 1
- 주니어 리딩튜터 1
- Junior Reading Expert 1
- Reading Forward Basic 1

중1
- 주니어 리딩튜터 2
- Junior Reading Expert 2
- Reading Forward Basic 2
- 열중 16강 독해+문법 1
- Reading Inside Starter

중1-2
- 1316팬클럽 독해 2
- 주니어 리딩튜터 3
- 정말 기특한 구문독해 입문
- Junior Reading Expert 3
- Reading Forward Intermediate 1
- 열중 16강 독해+문법 2
- Reading Inside 1

중2-3
- 1316팬클럽 독해 3
- 주니어 리딩튜터 4
- 정말 기특한 구문독해 기본
- Junior Reading Expert 4
- Reading Forward Intermediate 2
- Reading Inside 2

중3
- 리딩튜터 입문
- 정말 기특한 구문독해 완성
- Reading Forward Advanced 1
- 열중 16강 독해+문법 3
- Reading Inside 3

중3-예비고
- Reading Expert 1
- 리딩튜터 기본
- Reading Forward Advanced 2

고1
- 빠바 기초세우기
- 리딩튜터 실력
- Reading Expert 2
- RADIX TOEFL Blue Label Reading 1
- TEPS BY STEP G+R Basic

고1-2
- 빠바 구문독해
- 리딩튜터 수능 PLUS
- Reading Expert 3

고2-3, 수능 실전
- 빠바 유형독해
- 빠바 종합실전편
- Reading Expert 4
- RADIX TOEFL Blue Label Reading 2
- TEPS BY STEP G+R 1

고3 이상, 수능 고난도
- Reading Expert 5
- 능률 고급영문독해

수능 이상/ 토플 80-89 · 텝스 600-699점
- ADVANCED Reading Expert 1
- TEPS BY STEP G+R 2

수능 이상/ 토플 90-99 · 텝스 700-799점
- ADVANCED Reading Expert 2
- RADIX TOEFL Black Label Reading 1

수능 이상/ 토플 100 · 텝스 800점 이상
- RADIX TOEFL Black Label Reading 2
- TEPS BY STEP G+R 3

NE 능률

초등영어

리딩이 된다

Jump 4

Words 100

WORKBOOK · 정답 및 해설

WORKBOOK

UNIT 01 과학

How Do We See Colors?

Subject Words 빈칸에 들어갈 알맞은 단어를 쓰세요.

More Words 우리말에 맞도록 빈칸에 들어갈 알맞은 말을 보기에서 찾아 쓰세요.

보기	eyes	absorb	except	shines	reflect	reflections

1. Light ______________ on things.
   빛은 물건들을 비춥니다.

2. Things ______________ or ______________ light.
   물건들은 빛을 흡수하거나 반사합니다.

3. Colors are ______________ of light.
   색들은 빛의 반사입니다.

4. Our ______________ see reflections of light.
   우리의 눈은 빛의 반사를 봅니다.

5. Apples absorb all light ______________ red light.
   사과는 빨간 빛을 제외한 모든 빛을 흡수합니다.

Grammar - Writing Link

의문형용사 what 어떤 ~, 무슨 ~

'what'은 '어떤 ~', '무슨 ~'이라는 뜻으로, 의문문에 쓰이는 의문사이면서 동시에 바로 뒤에 있는 명사를 꾸며주는 역할도 하는 의문형용사입니다.

Step 1 빈칸을 알맞게 채워 문장을 완성해 보세요.

1. 그 사과들은 어떤 색인가요?

→ ____________ color are the apples?

2. 그 바나나들은 어떤 색인가요?

→ ____________ color are the bananas?

Step 2 우리말 뜻에 맞게 괄호 안의 단어를 알맞은 순서로 배열해 보세요.

1. 당신은 어떤 노래를 부르고 싶나요? (what song, you, want, do, to sing)

→ ____?

2. 당신은 무슨 운동을 좋아하나요? (what sports, like, you, do)

→ ____?

Step 3 우리말 뜻에 맞게 주어진 단어를 사용해 문장을 만들어 보세요.

1. 그 탁자는 어떤 모양인가요? (the table, is, shape)

→ ____?

2. 당신은 어떤 계절을 좋아하나요? (season, like, you, do)

→ ____?

Purple, the Royal Color

Subject Words 빈칸에 들어갈 알맞은 단어를 쓰세요.

More Words 우리말에 맞도록 빈칸에 들어갈 알맞은 말을 보기에서 찾아 쓰세요.

보기	dye	mind	snail	widely	mystery	artificial

1. What comes to ______________?
   마음 속에 무엇이 떠오르나요?
2. It may be royalty, power, or ______________.
   그것은 왕족, 권력, 또는 신비일지도 모릅니다.
3. Purple ______________ comes from a type of sea ______________.
   보라색 염료는 바다 달팽이의 한 종류로부터 나옵니다.
4. Later, people could make ______________ dyes.
   나중에 사람들은 인공 염료를 만들 수 있었습니다.
5. Purple became ______________ used.
   보라색은 널리 사용되게 되었습니다.

Grammar - Writing Link

조동사 may ~일지도 모릅니다

'may'는 '~일지도 모릅니다'라는 뜻으로, 추측을 나타내는 조동사입니다. may 다음에는 반드시 동사원형을 씁니다.

Step 1 빈칸을 알맞게 채워 문장을 완성해 보세요.

1. 그것은 왕족, 권력, 또는 신비일지도 모릅니다.

→ It ____________ be royalty, power, or mystery.

2. 당신은 보라색 옷, 보라색 꽃, 또는 보라색 책을 볼지도 모릅니다.

→ You ____________ see purple clothes, purple flowers, or purple books.

Step 2 우리말 뜻에 맞게 괄호 안의 단어를 알맞은 순서로 배열해 보세요.

1. 그녀는 부유할지도 모릅니다. (may, rich, she, be)

→ ____.

2. 그가 파티에 올지도 모릅니다. (come, he, the party, to, may)

→ ____.

Step 3 우리말 뜻에 맞게 주어진 단어를 사용해 문장을 만들어 보세요.

1. 그 소식은 사실일지도 모릅니다. (the news, true, be)

→ ____.

2. 나는 오늘 밤에 영화를 보러 갈지도 모릅니다. (tonight, go to the movies, I)

→ ____.

The Three Primary Colors

Subject Words 빈칸에 들어갈 알맞은 단어를 쓰세요.

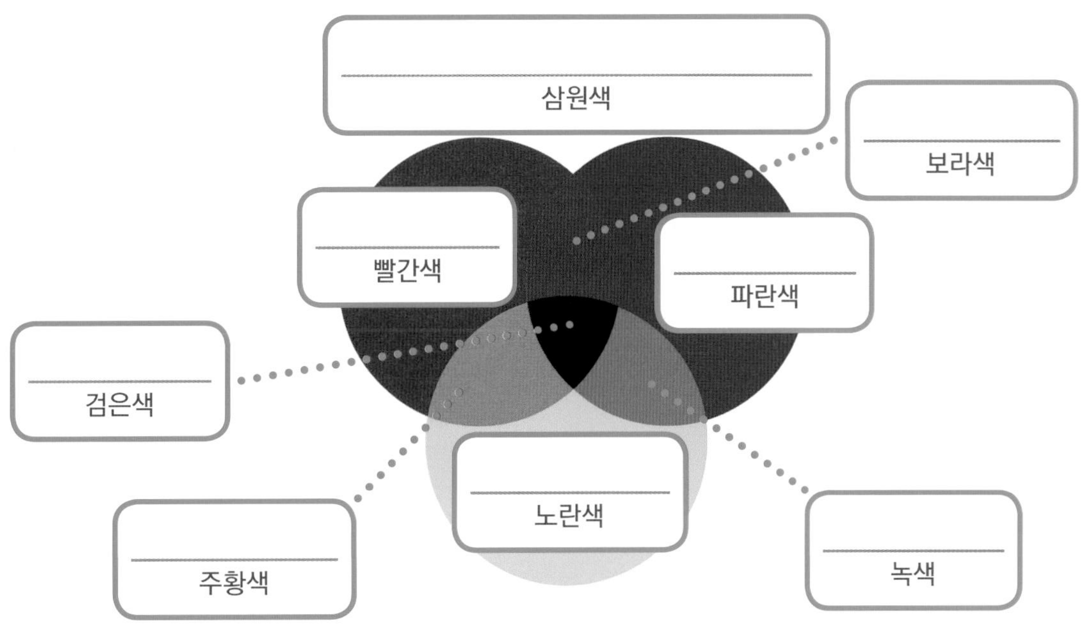

More Words 우리말에 맞도록 빈칸에 들어갈 알맞은 말을 보기에서 찾아 쓰세요.

보기	mixing	create	palette	blends	in fact	magical

1. There are only three colors on Pablo's ____________.
   Pablo의 팔레트에는 단지 세 가지 색만 있습니다.
2. ____________, Pablo can make more colors from these three colors.
   사실은, Pablo는 이 세 가지 색으로 더 많은 색을 만들 수 있습니다.
3. Pablo can make purple by ____________ red and blue together.
   Pablo는 빨간색과 파란색을 함께 섞음으로써 보라색을 만들 수 있습니다.
4. If Pablo ____________ all three colors together, he can make black.
   만약 Pablo가 세 가지 색을 모두 함께 섞으면, 그는 검은색을 만들 수 있습니다.
5. Red, blue, and yellow are ____________ colors.
   빨간색, 파란색, 그리고 노란색은 마술적인 색입니다.
6. We can ____________ many other colors with red, blue, and yellow.
   우리는 빨간색, 파란색, 노란색으로 많은 다른 색들을 만들어 낼 수 있습니다.

Grammar - Writing Link

by + 동사+ing ~함으로써

전치사 'by'의 뒤에 '동사+ing'를 쓰면 '~함으로써'라는 의미로, 수단과 방법을 나타내는 표현으로 쓰입니다.

Step 1 빈칸을 알맞게 채워 문장을 완성해 보세요.

1. Pablo는 빨간색과 파란색을 함께 섞음으로써 보라색을 만들 수 있습니다. (mix)

→ Pablo can make purple ____________ ____________ red and blue together.

2. Pablo는 빨간색과 노란색을 함께 섞음으로써 주황색을 만들 수 있습니다. (mix)

→ Pablo can make orange ____________ ____________ red and yellow together.

Step 2 우리말 뜻에 맞게 괄호 안의 단어를 알맞은 순서로 배열해 보세요.

1. 우리는 책을 읽음으로써 배웁니다. (learn, books, we, by reading)

→ ____.

2. 독수리는 뱀을 먹음으로써 에너지를 얻습니다. (energy, snakes, eagles, by eating, get)

→ ____.

Step 3 우리말 뜻에 맞게 주어진 단어를 사용해 문장을 만들어 보세요.

1. 우리는 잘 먹음으로써 건강을 유지합니다. (we, eat, keep, well, healthy)

→ ____.

2. 나는 영어 노래를 부름으로써 영어를 배웠습니다. (I, sing, learned, English songs, English)

→ ____.

UNIT 04 실과 Eating by Color

Subject Words 빈칸에 들어갈 알맞은 단어를 쓰세요.

More Words 우리말에 맞도록 빈칸에 들어갈 알맞은 말을 보기에서 찾아 쓰세요.

보기	cells	toxins	cancer	health	prevent	nutrients

1. Each color in fruits and vegetables has different ______________.
   과일들과 채소들의 각각의 색은 다른 영양소를 가집니다.
2. The nutrients are all good for our ______________.
   그 영양소들은 모두 우리의 건강에 좋습니다.
3. Red foods can ______________ ______________.
   레드 푸드는 암을 예방할 수 있습니다.
4. Green foods protect our body from ______________.
   그린 푸드는 우리의 몸을 독소로부터 보호합니다.
5. Purple foods protect our ______________.
   퍼플 푸드는 우리의 세포를 보호합니다.

Grammar - Writing Link

keep + 명사(구) + 형용사   ~을 …한 상태로 유지합니다, ~을 (계속) …하게 합니다

동사 'keep' 뒤에 '명사(구)+형용사'가 오면 '~을 …한 상태로 유지합니다', '~을 (계속) …하게 합니다'라는 의미를 나타냅니다.

Step 1 **빈칸을 알맞게 채워 문장을 완성해 보세요.**

1 레드 푸드는 우리의 심장을 건강하게 합니다. (healthy, our heart)

→ Red foods ____________ ____________ ____________ ____________.

2 그린 푸드는 우리의 뼈를 튼튼하게 합니다. (strong, our bones)

→ Green foods ____________ ____________ ____________ ____________.

Step 2 **우리말 뜻에 맞게 괄호 안의 단어를 알맞은 순서로 배열해 보세요.**

1 당신의 방을 깨끗한 상태로 유지하세요. (your room, clean, keep)

→ ____.

2 그 지붕은 집을 계속 따뜻하게 합니다. (keeps, warm, the roof, the house)

→ ____.

Step 3 **우리말 뜻에 맞게 주어진 단어를 사용해 문장을 만들어 보세요.**

1 학교 규칙들은 아이들을 안전하게 합니다. (the school rules, safe, children)

→ ____.

2 당신은 음식을 시원한 상태로 유지해야 합니다. (you, cool, the food, should)

→ ____.

UNIT 01 과학

What Makes Bread Soft?

Subject Words 빈칸에 들어갈 알맞은 단어를 쓰세요.

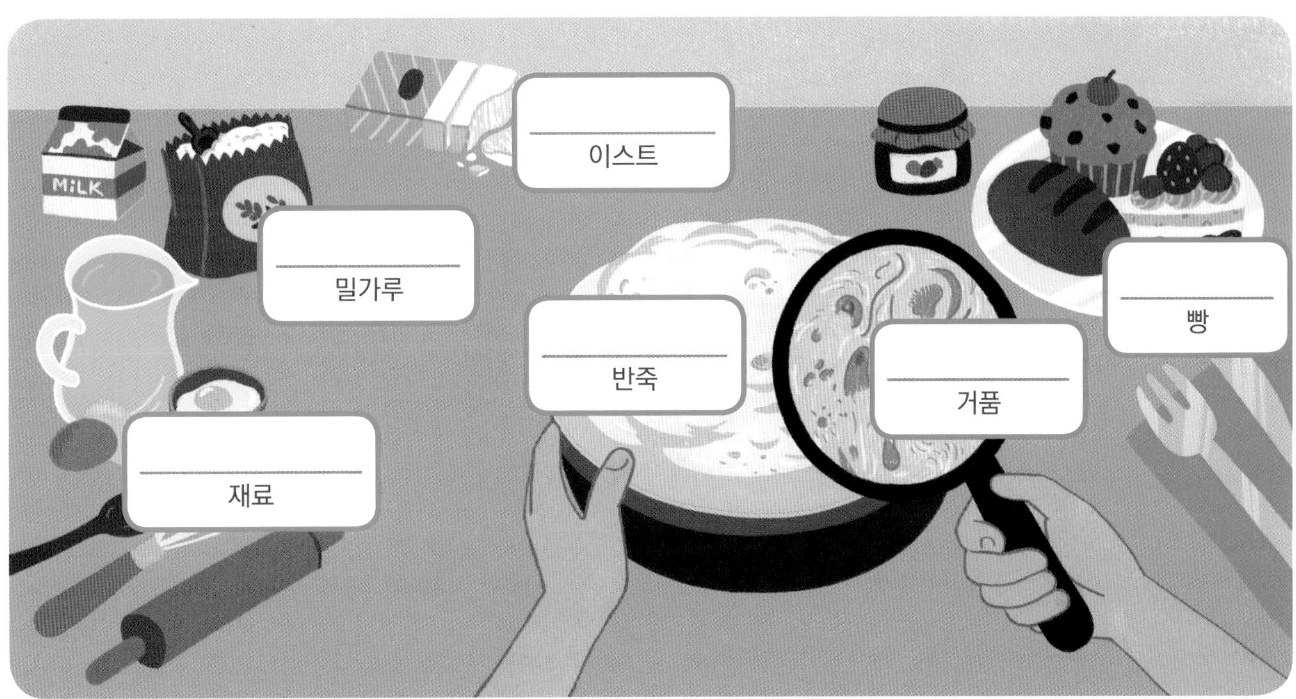

More Words 우리말에 맞도록 빈칸에 들어갈 알맞은 말을 보기에서 찾아 쓰세요.

보기	rises	space	basic	fungus	empty	active

1. What are the ______________ ingredients of bread?
   빵의 기본 재료들은 무엇일까요?

2. The bread dough ______________.
   빵 반죽이 부풉니다.

3. Yeast is a kind of ______________.
   이스트는 곰팡이의 한 종류입니다.

4. Yeast is ______________.
   이스트는 활동을 합니다.

5. The gas bubbles become the ______________ ______________ in bread.
   그 기체 거품들은 빵 속의 비어 있는 공간이 됩니다.

Grammar - Writing Link

have to ~해야 합니다

'have to'는 '~해야 합니다'라는 뜻으로 의무, 필요를 나타내는 표현이에요. have to 뒤에는 반드시 동사원형을 씁니다.

Step 1 빈칸을 알맞게 채워 문장을 완성해 보세요.

1. 부드러운 빵을 위해서, 당신은 한가지 재료를 더 더해야 합니다.

   → For soft bread, you __________ __________ add one more ingredient.

2. 당신은 이스트를 더해야 합니다.

   → You __________ __________ add yeast.

Step 2 우리말 뜻에 맞게 괄호 안의 단어를 알맞은 순서로 배열해 보세요.

1. 당신은 당신의 손을 닦아야 합니다. (you, have to, your hands, wash)

   → ______________________________.

2. 나는 내 숙제를 해야 합니다. (do, have to, my homework, I)

   → ______________________________.

Step 3 우리말 뜻에 맞게 주어진 단어를 사용해 문장을 만들어 보세요.

1. 당신은 여기서 기다려야 합니다. (you, here, wait)

   → ______________________________.

2. 우리는 자연을 보호해야 합니다. (protect, we, the environment)

   → ______________________________.

Breads from Around the World

Subject Words 빈칸에 들어갈 알맞은 단어를 쓰세요.

More Words 우리말에 맞도록 빈칸에 들어갈 알맞은 말을 보기에서 찾아 쓰세요.

보기	baked	crispy	fried	inside	pastries	rings

1. Doughnuts are ______________ bread from the Netherlands.
   도넛은 네덜란드에서 온 튀긴 빵입니다.
2. Doughnuts look like ______________.
   도넛은 고리처럼 보입니다.
3. Pretzels are ______________ bread from Germany.
   프레첼은 독일에서 온 구운 빵입니다.
4. Croissants are ______________ from Austria.
   크루아상은 오스트리아에서 온 가루 반죽 파이입니다.
5. Croissants are ______________ on the outside.
   크루아상은 겉이 바삭바삭합니다.
6. Croissants are soft on the ______________.
   크루아상은 안쪽이 부드럽습니다.

Grammar - Writing Link

taste + 형용사 ~한 맛이 납니다

'taste'는 '~한 맛이 납니다'라는 뜻의 동사로, 뒤에는 맛을 설명하는 sweet(달콤한), good(좋은), salty(짠), sour(신) 등의 형용사를 씁니다.

Step 1 **빈칸을 알맞게 채워 문장을 완성해 보세요.**

1 도넛은 달콤한 맛이 납니다.

→ Doughnuts ____________ sweet.

2 프레첼은 소금과 함께 좋은 맛이 납니다.

→ Pretzels ____________ good with salt.

Step 2 **우리말 뜻에 맞게 괄호 안의 단어를 알맞은 순서로 배열해 보세요.**

1 레몬은 신맛이 납니다. (sour, a lemon, tastes)

→ ____.

2 그 수프는 짠맛이 납니다. (the soup, salty, tastes)

→ ____.

Step 3 **우리말 뜻에 맞게 주어진 단어를 사용해 문장을 만들어 보세요.**

1 그 쿠키는 달콤한 맛이 납니다. (the cookies, sweet)

→ ____.

2 그 사과는 좋은 맛이 납니다. (the apple, good)

→ ____.

Painter's Bread

Subject Words 빈칸에 들어갈 알맞은 단어를 쓰세요.

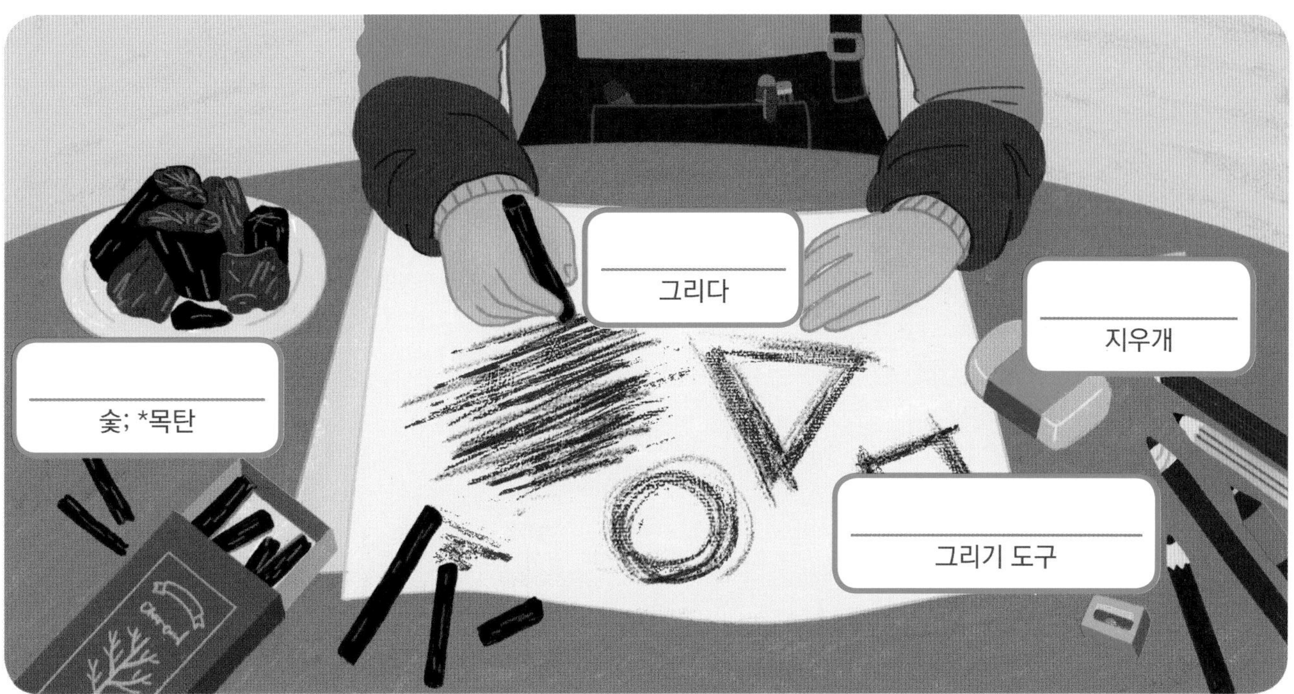

More Words 우리말에 맞도록 빈칸에 들어갈 알맞은 말을 보기 에서 찾아 쓰세요.

보기	baker	upset	butter	mistake	bakery	brown	ruined

1. There was a ____________ in a small town.
   작은 도시에 한 빵집이 있었습니다.
2. One was white bread made without ____________.
   하나는 버터 없이 만들어진 흰 빵이었습니다.
3. The ____________ gave the painter ____________ bread.
   제빵사는 화가에게 갈색 빵을 주었습니다.
4. The painter was very ____________.
   화가는 매우 마음이 상했습니다.
5. "You ____________ my painting."
   "당신이 내 그림을 망쳤습니다."
6. "It was my ____________."
   "그것은 나의 실수였습니다."

Grammar - Writing Link

명사 + 과거분사(구) ~해진, ~된

과거분사는 명사의 앞이나 뒤에서 명사를 꾸며주는 역할을 합니다. 이때, '~해진', '~된'이라는 의미를 나타냅니다.

Step 1 **빈칸을 알맞게 채워 문장을 완성해 보세요.**

1. 하나는 버터 없이 만들어진 흰 빵이었습니다. (make)

   → One was white bread ___________ without butter.

2. 다른 하나는 버터를 넣고 만들어진 갈색 빵이었습니다. (make)

   → The other was brown bread ___________ with butter.

Step 2 **우리말 뜻에 맞게 괄호 안의 단어를 알맞은 순서로 배열해 보세요.**

1. 나는 무지개색으로 칠해진 가방이 있습니다. (rainbow colors, a bag, have, I, painted in)

   → ____.

2. 어떤 유명한 건축가에 의해 지어진 탑이 있습니다. (a famous architect, there is, a tower, by, built)

   → ____.

Step 3 **우리말 뜻에 맞게 주어진 단어를 사용해 문장을 만들어 보세요.**

1. 그것은 나의 어머니에 의해 쓰여진 책입니다. (write, by my mother, it, a book, is)

   → ____.

2. 이곳은 학생들에 의해 만들어진 정원입니다. (make, this, a garden, is, by students)

   → ____.

UNIT 04 수학 +−×÷

Why Are Pizzas Round?

Subject Words 빈칸에 들어갈 알맞은 단어를 쓰세요.

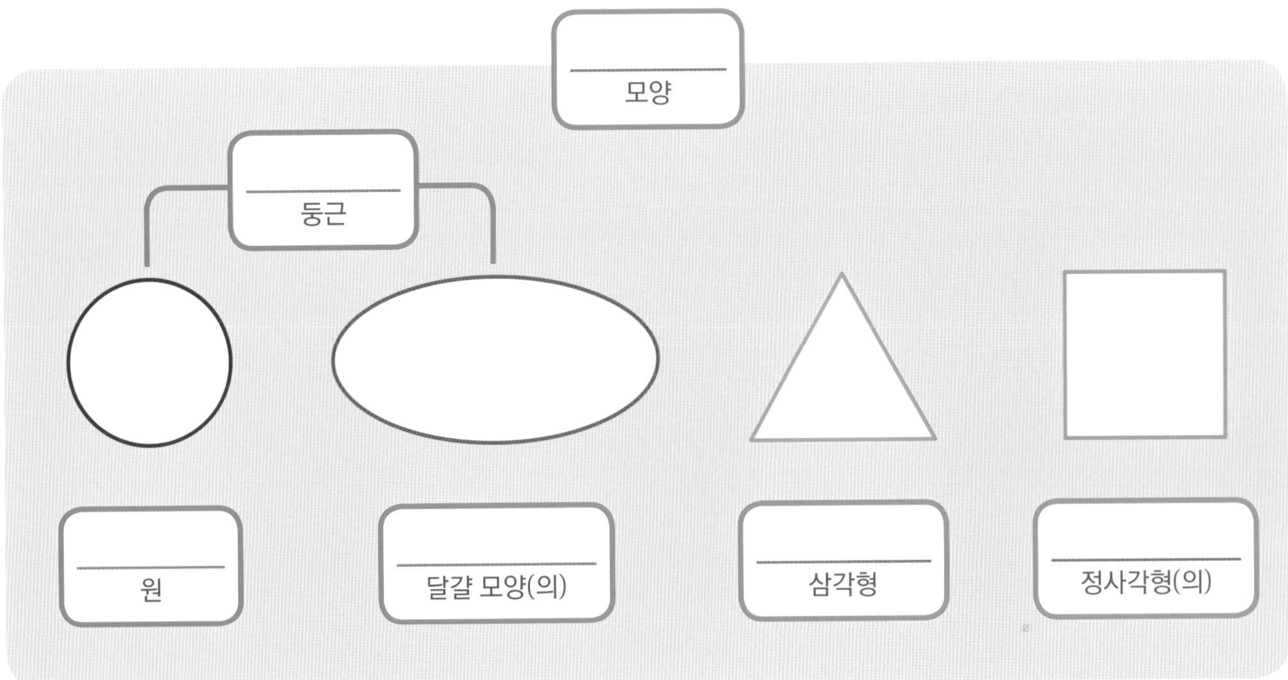

More Words 우리말에 맞도록 빈칸에 들어갈 알맞은 말을 보기에서 찾아 쓰세요.

보기	toppings	heat	efficient	equal	evenly	cut ~ into ...

1. Circles are ______________.
   원은 효율적입니다.
2. I can put more ______________ on round dough.
   나는 둥근 반죽에 더 많은 토핑을 올릴 수 있습니다.
3. I can ______________ the round pizza ______________.
   나는 둥근 피자를 고르게 데울 수 있습니다.
4. I can ______________ the round pizza ______________ ______________ pieces.
   나는 둥근 피자를 같은 조각들로 나눌 수 있습니다.

Grammar - Writing Link

주어로 쓰이는 동명사 ~하기, ~하는 것

동사원형 뒤에 ing를 붙여서 만든 동명사는 명사처럼 주어로 쓰일 수 있어요. 동명사 주어는 '~하기', '~하는 것'이라고 해석하고 단수로 취급합니다.

Step 1 빈칸을 알맞게 채워 문장을 완성해 보세요.

1 반죽을 단지 공중에서 돌리는 것은 그것을 둥글게 만듭니다. (spin)

→ Just ____________ dough in the air makes it round.

2 다른 모양을 만드는 것은 더 많은 시간이 걸립니다. (make)

→ ____________ other shapes takes more time.

Step 2 우리말 뜻에 맞게 괄호 안의 단어를 알맞은 순서로 배열해 보세요.

1 TV 보기는 재미있습니다. (fun, watching, is, TV)

→ ____.

2 밤에 사탕을 먹는 것은 좋지 않습니다. (is, at night, eating, not, candy, good)

→ ____.

Step 3 우리말 뜻에 맞게 주어진 단어를 사용해 문장을 만들어 보세요.

1 물을 마시는 것은 중요합니다. (drink, is, water, important)

→ ____.

2 오래된 동전을 모으는 것은 흥미롭습니다. (interesting, old coins, is, collect)

→ ____.

Gold and Copper

Subject Words 빈칸에 들어갈 알맞은 단어를 쓰세요.

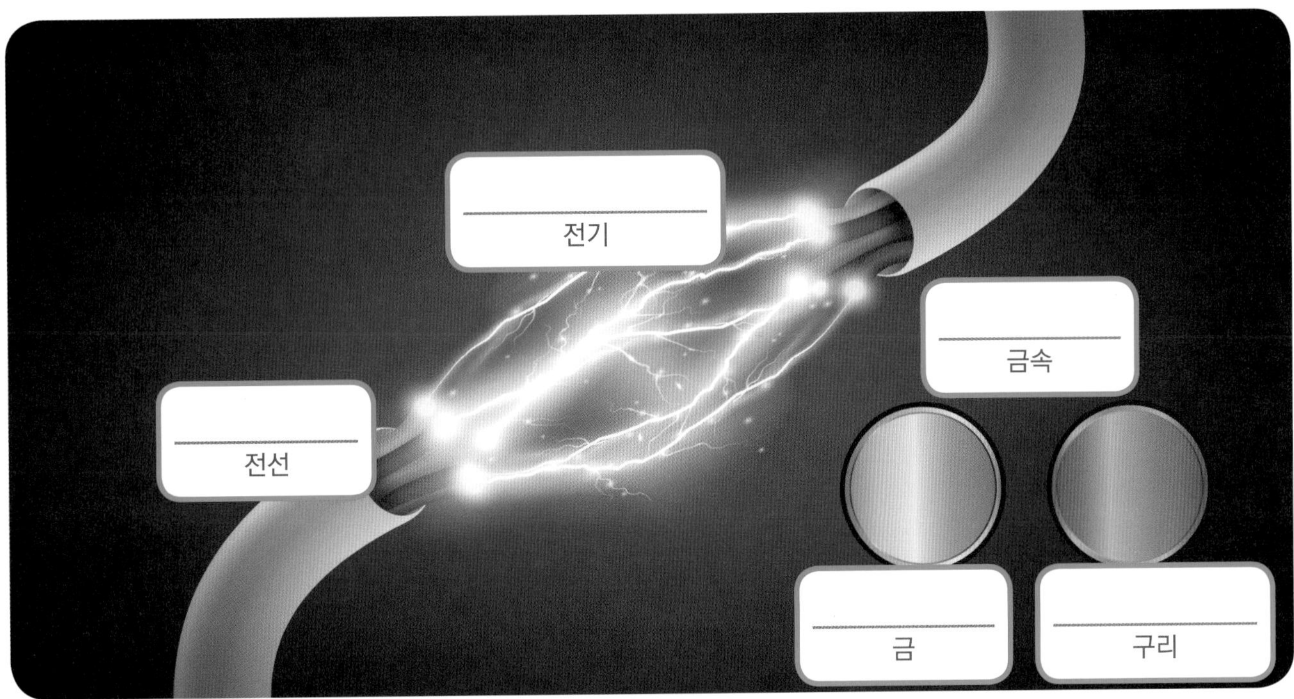

More Words 우리말에 맞도록 빈칸에 들어갈 알맞은 말을 보기에서 찾아 쓰세요.

보기 flows watch usually expensive computer conducts

1. You can ____________ TV.
   당신은 TV를 볼 수 있습니다.
2. You can play games on your ____________.
   당신은 당신의 컴퓨터로 게임을 할 수 있습니다.
3. Electricity easily ____________ through most metals.
   전기는 대부분의 금속을 통해 쉽게 흐릅니다.
4. We ____________ use copper for wires.
   우리는 보통 전선으로 구리를 사용합니다.
5. Copper ____________ electricity well.
   구리는 전기를 잘 전도합니다.
6. Gold is much more ____________ than copper.
   금은 구리보다 훨씬 더 비쌉니다.

Grammar - Writing Link

much + 비교 표현 훨씬 더 ~한

비교 표현 앞에 'much'를 쓰면 '훨씬 더 ~한'이라는 의미로 비교 표현을 강조할 수 있어요. much 대신에 even, far 등으로 바꿔쓸 수 있습니다.

Step 1 빈칸을 알맞게 채워 문장을 완성해 보세요.

1. 금은 구리보다 훨씬 더 비쌉니다. (more expensive)

   → Gold is ____________ ____________ ____________ than copper.

2. 금은 구리보다 훨씬 더 희귀합니다. (rarer)

   → Gold is ____________ ____________ than copper.

Step 2 우리말 뜻에 맞게 괄호 안의 단어를 알맞은 순서로 배열해 보세요.

1. 내 가방이 당신의 가방보다 훨씬 더 큽니다. (much, yours, is, bigger, my bag, than)

   → ____.

2. 나에게 중국어가 일본어보다 훨씬 더 어렵습니다. (Chinese, Japanese, more difficult, for me, even, is, than)

   → ____.

Step 3 우리말 뜻에 맞게 주어진 단어를 사용해 문장을 만들어 보세요.

1. 남극은 북극보다 훨씬 더 춥습니다. (the Arctic, the Antarctic, colder, is, than)

   → ____.

2. 나의 부모님의 방이 나의 방보다 훨씬 더 큽니다. (larger, my room, my parents' room, is, than)

   → ____.

Finding a Solution with Gold

Subject Words 빈칸에 들어갈 알맞은 단어를 쓰세요.

More Words 우리말에 맞도록 빈칸에 들어갈 알맞은 말을 보기에서 찾아 쓰세요.

보기	players	jewelry	difficulty	overcome	solution	medals

1. In 1997, Korea had economic ______________.
   1997년, 한국은 경제적인 어려움을 겪었습니다.
2. We thought gold could be a ______________.
   우리는 금이 해결책일 수 있다고 생각했습니다.
3. We sold our ______________.
   우리는 우리의 보석류를 팔았습니다.
4. Some sports ______________ sold their gold ______________.
   어떤 운동 선수들은 그들의 금메달을 팔았습니다.
5. We made an effort together to ______________ our country's difficulty.
   우리는 우리나라의 어려움을 극복하기 위해 함께 노력했습니다.

Grammar - Writing Link

to 부정사 ~하기 위해

'~하기 위해'는 영어로 동사원형 앞에 to를 써서 표현할 수 있어요. 우리는 이런 'to+동사원형'을 to 부정사라고 부릅니다.

Step 1 빈칸을 알맞게 채워 문장을 완성해 보세요.

1. 우리는 다른 나라에 팔기 위해 금을 모았습니다. (sell)

→ We collected gold ____________ ____________ it to other countries.

2. 우리는 우리나라의 어려움을 극복하기 위해 함께 노력했습니다. (overcome)

→ We made an effort together ____________ ____________ our country's difficulty.

Step 2 우리말 뜻에 맞게 괄호 안의 단어를 알맞은 순서로 배열해 보세요.

1. 나는 책을 사기 위해 서점에 갈 것입니다. (I, a book, go to, to buy, the bookstore, will)

→ ____.

2. Helen은 의사가 되기 위해 열심히 공부했습니다. (Helen, a doctor, studied, to become, hard)

→ ____.

Step 3 우리말 뜻에 맞게 주어진 단어를 사용해 문장을 만들어 보세요.

1. Sarah는 한국어를 배우기 위해 한국에 왔습니다. (Sarah, Korean, learn, Korea, came to)

→ ____.

2. 나는 축구 경기를 보기 위해 오전 4시에 일어났습니다. (I, at 4 a.m., the soccer game, woke up, watch)

→ ____.

Klimt's Golden Paintings

Subject Words 빈칸에 들어갈 알맞은 단어를 쓰세요.

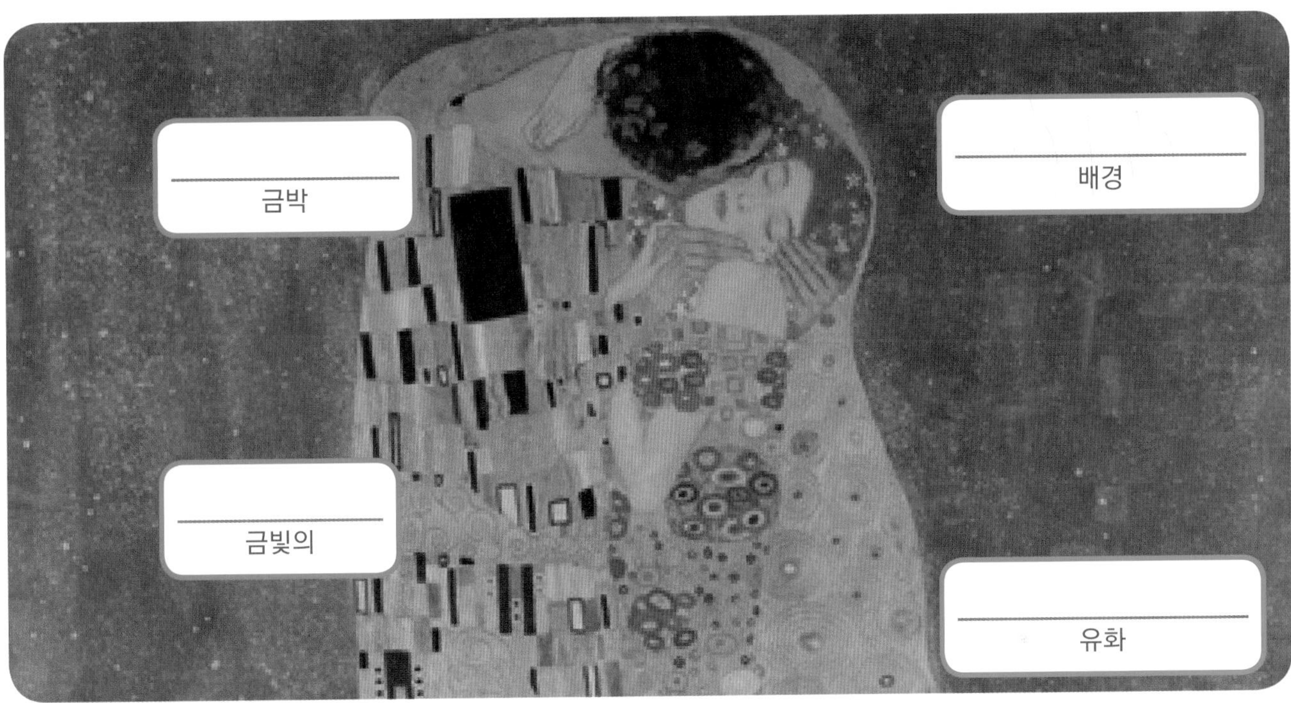

More Words 우리말에 맞도록 빈칸에 들어갈 알맞은 말을 보기에서 찾아 쓰세요.

보기	cheek	engraver	hugging	couple	handle	kissing

1. There is a ____________.
   두 사람이 있습니다.
2. The man is ____________ the woman.
   남자가 여자를 껴안고 있습니다.
3. The man is ____________ the woman on the ____________.
   남자가 여자의 볼에 입을 맞추고 있습니다.
4. Klimt's father was a gold ____________.
   클림트의 아버지는 금 조각사였습니다.
5. Klimt learned how to ____________ gold.
   클림트는 금을 다루는 방법을 배웠습니다.

Grammar - Writing Link

be famous for ~ ~로 유명합니다

'be famous for ~'는 '~로 유명합니다'라는 의미로, for 뒤에는 명사(구)나 동명사를 씁니다.

Step 1 **빈칸을 알맞게 채워 문장을 완성해 보세요.**

1. 클림트는 그의 그림에 금을 사용하는 것으로 유명합니다.

   → Klimt ____________ ____________ ____________ using gold in his paintings.

2. 클림트는 많은 여성들을 그린 것으로 유명합니다.

   → Klimt ____________ ____________ ____________ painting many women.

Step 2 **우리말 뜻에 맞게 괄호 안의 단어를 알맞은 순서로 배열해 보세요.**

1. 그 섬은 멋진 해변으로 유명합니다. (the island, nice beaches, is famous for)

   → ____.

2. 그녀는 어린이 책을 쓴 것으로 유명합니다. (children's books, is famous for, she, writing)

   → ____.

Step 3 **우리말 뜻에 맞게 주어진 단어를 사용해 문장을 만들어 보세요.**

1. 파리는 에펠탑으로 유명합니다. (Paris, the Eiffel Tower)

   → ____.

2. 그는 많은 사람들을 도운 것으로 유명합니다. (helping, he, many people)

   → ____.

UNIT 04 수학 +− ×÷

The King's Gold

Subject Words 빈칸에 들어갈 알맞은 단어를 쓰세요.

More Words 우리말에 맞도록 빈칸에 들어갈 알맞은 말을 보기에서 찾아 쓰세요.

보기	asked	share	least	decided	quarter	rest

1. The king ____________ to give the gold to his sons.
   왕은 그의 아들들에게 금을 주기로 결정했습니다.
2. The king ____________ his sons, "How much gold do you want?"
   왕은 그의 아들들에게 "너는 얼마의 금을 원하느냐?"라고 물었습니다.
3. The second-oldest son wanted a ____________ of the gold.
   둘째 아들은 금의 4분의 1을 원했습니다.
4. "We will ____________ the ____________ of the gold."
   "우리는 금의 나머지를 나누겠습니다."
5. "I want to give this gold to the one with the ____________ gold."
   "나는 이 금을 가장 적은 금을 가진 이에게 주고 싶다."

Grammar - Writing Link

How much ~? 얼마의 ~ ?

금이나 시간, 돈 등의 양을 물을 때는 'How much ~?'를 써서 '얼마의 ~?' 의미로 표현할 수 있어요.

Step 1 **빈칸을 알맞게 채워 문장을 완성해 보세요.**

1 너는 얼마의 금을 원하느냐?

→ ____________ ____________ gold do you want?

2 각 아들은 얼마의 금을 가지고 있을까요?

→ ____________ ____________ gold does each son have?

Step 2 **우리말 뜻에 맞게 괄호 안의 단어를 알맞은 순서로 배열해 보세요.**

1 우리는 얼마의 돈이 있나요? (we, have, how much, do, money)

→ ____?

2 당신은 얼마의 시간이 필요한가요? (need, time, you, do, how much)

→ ____?

Step 3 **우리말 뜻에 맞게 주어진 단어를 사용해 문장을 만들어 보세요.**

1 그녀는 얼마의 돈을 지불했나요? (pay, money, she, did)

→ ____?

2 당신은 설탕을 얼마나 원하나요? (sugar, you, want, do)

→ ____?

STUDENT BOOK 정답 및 해설

UNIT 01 과학

How Do We See Colors?

우리는 어떻게 색을 볼까요?

Subject Words QR코드를 이용하여 단어를 듣고 따라 읽어보세요.

More Words QR코드를 이용하여 단어와 예문을 듣고 따라 읽어보세요.

The moon shines on the water.
달이 물을 비춥니다.

absorb
흡수하다

The roots absorb water.
뿌리는 물을 흡수합니다.

The road reflects light.
도로가 빛을 반사합니다.

The reflection of the light is strong.
그 빛의 반사는 강합니다.

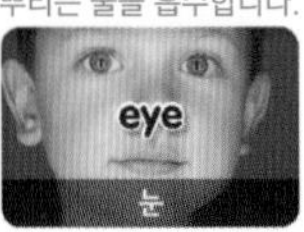

The boy has blue eyes.
소년은 파란 눈을 가졌습니다.

The store is open every day except Monday.
그 가게는 월요일을 제외하고 매일 엽니다.

Vocabulary Check

Subject Words 그림과 뜻을 보고 알맞은 단어를 쓰세요.

① 
색(깔)
color

② 
흰(색)
white

③ 
빨간(색)
red

④ 노란(색)
yellow

⑤ 
검은(색)
black

More Words 우리말에 맞는 문장이 되도록 알맞은 단어를 고르세요.

1. 달이 물을 비춥니다. — The moon shares / shines on the water.
2. 소년은 파란 눈을 가졌습니다. — The boy has blue eyes / ears .
3. 도로가 빛을 반사합니다. — The road absorbs / reflects light.
4. 뿌리는 물을 흡수합니다. — The roots absorb / reflect water.
5. 그 빛의 반사는 강합니다. — The combination / reflection of the light is strong.
6. 그 가게는 월요일을 제외하고 매일 엽니다. — The store is open every day except / with Monday.

지문을 듣고 따라 읽어보세요.

우리는 어떻게 색을 볼까요?

How Do We See Colors?

Look at the apples. 사과를 보세요.

What color are the apples? 그 사과들은 어떤 색인가요?

Yes, they are red. 네, 그들은 빨간색이에요.

Look at the bananas. 바나나를 보세요.

What color are the bananas? 그 바나나들은 어떤 색인가요?

Yes, they are yellow. 네, 그들은 노란색이에요.

How do we see these colors? 우리는 어떻게 색을 볼까요?

We see colors thanks to light. 우리는 빛 덕분에 색을 봅니다.

Key Grammar 의문형용사 what

What color are the apples? 그 사과들은 어떤 색인가요?

'what'은 '어떤 ~', '무슨 ~'이라는 뜻으로, 의문문에 쓰이는 의문사이면서 동시에 바로 뒤에 있는 명사를 꾸며주는 역할도 하는 의문형용사입니다.

예 What song do you want to sing? 당신은 어떤 노래를 부르고 싶나요?
What sports do you like? 당신은 무슨 운동을 좋아하나요?

Light shines on things. 빛은 물건들을 비춥니다.

And things absorb or reflect light. 그리고 물건들은 빛을 흡수하거나 반사합니다.

Colors are reflections of light. 색은 빛의 반사입니다.

And our eyes see those reflections. 그리고 우리 눈은 그 반사를 봅니다.

예를 들어, 사과는 빨간 빛을 제외한 모든 빛을 흡수합니다.
For example, apples absorb all light except red light.

So they look red. 그래서 그들은 빨간색으로 보입니다.

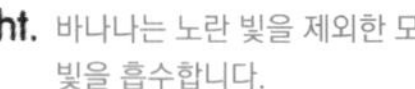

Bananas absorb all light except yellow light. 바나나는 노란 빛을 제외한 모든 빛을 흡수합니다.

So they look yellow.
그래서 그들은 노란색으로 보입니다.

How about black and white colors?

Black objects absorb all light. So they look black.

White objects reflect all light. So they look white!

검은색과 흰색은 어떨까요?
검은색 물체는 모든 빛을 흡수합니다. 그래서 그들은 검은색으로 보입니다.
흰색 물체는 모든 빛을 반사합니다. 그래서 그들은 흰색으로 보입니다!

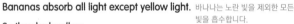

무지개는 어떻게 생길까?

빨강, 주황, 노랑, 초록, 파랑, 남색, 보라. 비가 내리고 난 뒤 햇빛이 나면 이 일곱 색깔의 무지개가 하늘에 걸려있는 것을 볼 수 있어요. 이 무지개는 어떻게 만들어지는 걸까요? 무지개는 햇빛이 공중에 있는 물방울을 만나 분산되어 만들어져요. 물방울이 프리즘과 같은 역할을 하는 것이죠. 햇빛은 우리의 눈으로 보면 색이 없는 것처럼 보이지만 실제로는 여러 가지 빛깔이 섞여 있답니다.

Comprehension Check

1 다음 질문의 답으로 가장 적절한 것을 골라 보세요.

ⓐ 이 글의 주제는 무엇인가요?

✔ how we see colors 우리는 어떻게 색을 보는가
② red apples and yellow bananas 빨간 사과와 노란 바나나
③ the difference between color and light 색과 빛 사이의 차이점

ⓑ 사물이 모든 빛을 흡수하면 우리 눈에 무슨 색으로 보이나요?

① red 빨간색 ② white 흰색 ✔ black 검은색

ⓒ 빛과 색에 관한 설명으로 알맞지 않은 것은 무엇인가요?

① Colors are reflections of light. 색은 빛의 반사입니다.
② We see colors thanks to light. 우리는 빛 덕분에 색을 봅니다.
✔ Red apples reflect all light except red light. 빨간 사과는 빨간 빛을 제외하고 모든 빛을 반사합니다.

2 다음 문장을 읽고 맞으면 T, 틀리면 F에 표시하세요.

① Light shines on things. 빛은 물건들을 비춥니다. (T) F
② Bananas look yellow because they absorb yellow light. 바나나는 노란 빛을 흡수하기 때문에 노란색으로 보입니다. T (F)
③ White objects reflect all light, and black objects absorb all light. 흰색 물체는 모든 빛을 반사하고, 검은색 물체는 모든 빛을 흡수합니다. (T) F

3 다음 질문에 알맞은 답이 되도록 빈칸에 공통으로 들어갈 말을 본문에서 찾아 써보세요.

우리는 어떻게 색을 보나요?
Q How do we see colors?
A We see colors thanks to light. Colors are reflections of light. And our eyes see those reflections.
우리는 빛 덕분에 색을 봅니다. 색은 빛의 반사입니다. 그리고 우리의 눈은 그 반사를 봅니다.

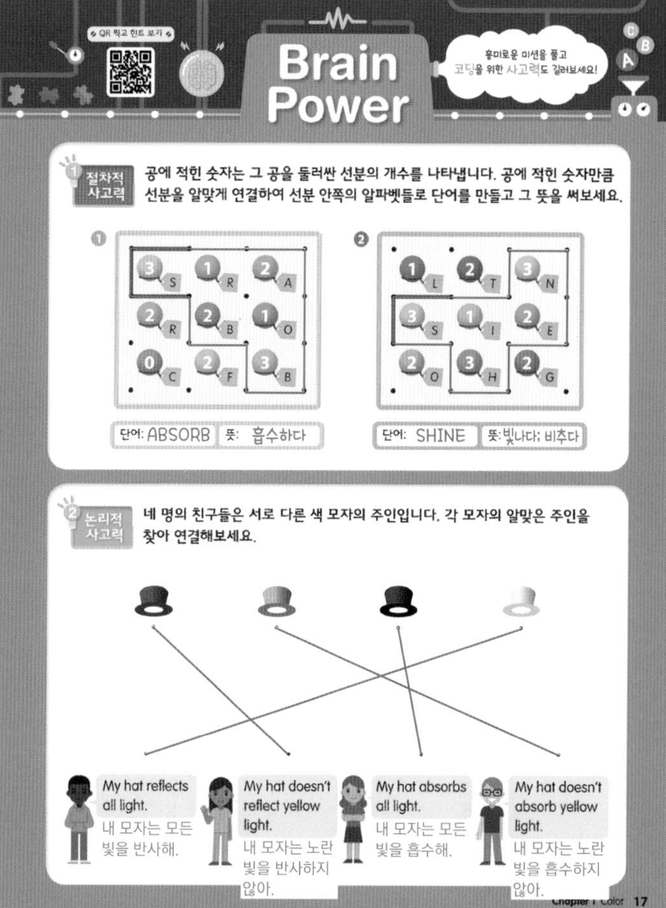

1 절차적 사고력 공에 적힌 숫자는 그 공을 둘러싼 선분의 개수를 나타냅니다. 공에 적힌 숫자만큼 선분을 알맞게 연결하여 선분 안쪽의 알파벳들로 단어를 만들고 그 뜻을 써보세요.

① 단어: ABSORB 뜻: 흡수하다
② 단어: SHINE 뜻: 빛나다; 비추다

2 논리적 사고력 네 명의 친구들은 서로 다른 색 모자의 주인입니다. 각 모자의 알맞은 주인을 찾아 연결해보세요.

My hat reflects all light. 내 모자는 모든 빛을 반사해.
My hat doesn't reflect yellow light. 내 모자는 노란 빛을 반사하지 않아.
My hat absorbs all light. 내 모자는 모든 빛을 흡수해.
My hat doesn't absorb yellow light. 내 모자는 노란 빛을 흡수하지 않아.

보라색을 좋아하나요? 네 아니요
Q Do you like the color purple? Yes ☐ No ☐

UNIT 02 사회 Purple, the Royal Color
보라색, 국왕의 색깔

Subject Words QR코드를 이용하여 단어를 듣고 따라 읽어보세요.

More Words QR코드를 이용하여 단어와 예문을 듣고 따라 읽어보세요.

mind 마음
A great idea comes to mind.
좋은 생각이 마음 속에 떠올랐습니다.

mystery 신비
This is a place of mystery.
이 곳은 신비의 장소입니다.

dye 염료
We get natural dyes from plants.
우리는 식물로부터 천연 염료를 얻습니다.

snail 달팽이
Some snails live in fresh water.
어떤 달팽이들은 담수에 삽니다.

artificial 인공의
There are artificial flowers on the table.
식탁 위에 인공 꽃이 있습니다.

widely 널리
The book is widely read.
그 책은 널리 읽힙니다.

Vocabulary Check

Subject Words 그림과 뜻을 보고 알맞은 단어를 쓰세요.

① 보라색 purple
② 국왕의 royal
③ 왕족 royalty
④ 입고 있다 wear

⑤ 계급 class
⑥ 부 wealth
⑦ 권력 power

More Words 우리말에 맞는 문장이 되도록 알맞은 단어를 고르세요.

① 그 책은 널리 읽힙니다. The book is freely / (widely) read.
② 이 곳은 신비의 장소입니다. This is a place of (mystery) / history .
③ 어떤 달팽이들은 담수에 삽니다. Some (snails) / frogs live in fresh water.
④ 좋은 생각이 마음 속에 떠올랐습니다. A great idea comes to body / (mind) .
⑤ 우리는 식물로부터 천연 염료를 얻습니다. We get natural (dyes) / fertilizers from plants.
⑥ 식탁 위에 인공 꽃이 있습니다. There are (artificial) / natural flowers on the table.

Purple, the Royal Color

보라색, 국왕의 색깔

Think about the color purple. 보라색을 생각해보세요.

What comes to mind? 마음 속에 무엇이 떠오르나요?

It may be royalty, power, or mystery.
그것은 왕족, 권력, 또는 신비일지도 모릅니다.

Are there any purple things around you? 당신의 주변에 보라색 물건들이 있나요?

You may see purple clothes, purple flowers, or purple books.
당신은 아마도 보라색 옷, 보라색 꽃, 또는 보라색 책을 볼지도 모릅니다.

Purple is common these days. 요즘 보라색은 흔합니다.

But it was rare in the past. 하지만 이것은 과거에 희귀했습니다.

Common people couldn't wear purple. 보통 사람들은 보라색을 입을 수 없었습니다.

Only royal families wore it. 오직 국왕의 가족들만 그것을 입었습니다.

Key Grammar 조동사 may

It may be royalty, power, or mystery. 그것은 왕족, 권력, 또는 신비일지도 모릅니다.

'may'는 '~일지도 모릅니다'라는 뜻으로, 추측을 나타내는 조동사입니다. may 다음에는 반드시 동사원형을 씁니다.

예 She may be rich. 그녀는 부유할지도 모릅니다.
He may come to the party. 그가 파티에 올지도 모릅니다.

보라색 염료는 바다 달팽이의 한 종류로부터 나옵니다.
9천 마리의 달팽이가 염료 1그램을 만듭니다.
그래서 그 당시에는 오직 지배자들만이 보라색을 입었습니다.

Purple dye comes from a type of sea snail.

Nine thousand snails make one gram of dye.

So only rulers wore purple back then.

It represented their wealth. 그것은 그들의 부를 나타냈습니다.

It represented their class too. 그것은 그들의 계급도 나타냈습니다.

Later, people could make artificial dyes.

So purple became widely used.

Now everyone can wear purple!

나중에, 사람들은 인공 염료를 만들 수 있었습니다.
그래서 보라색은 널리 사용되었습니다.
지금은 모든 사람이 보라색을 입을 수 있습니다!

염료 혁명, 보라색 염료를 발견하다!

19세기 영국의 과학자 윌리엄 퍼킨은 어느 날 그의 연구실에서 말라리아 치료약을 연구중이었어요. 연구 도중 그는 우연히 불그스름한 용액을 얻게 되었어요. 호기심이 많은 그는 이 용액으로 천에 염색을 해보았고, 놀랍게도 이 천은 보라색으로 염색이 되었어요. 그가 세계 최초로 인공 염료를 만든 것이었죠! 퍼킨의 인공 염료 개발 덕분에 왕이나 귀족들만 사용할 수 있었던 보라색은 널리 사용될 수 있게 되었답니다.

Comprehension Check

1 다음 질문의 답으로 가장 적절한 것을 골라 보세요.

ⓐ 이 글의 주제는 무엇인가요?
- ① purple as the royal color 국왕의 색으로서의 보라색 ✓
- ② purple objects around us 우리 주위의 보라색 물건들
- ③ how people made purple dye 어떻게 사람들은 보라색 염료를 만들었는가

ⓑ 1그램의 보라색 염료를 만들기 위해서는 몇 마리의 바다 달팽이가 필요했었나요?
① 900 ② 6,000 ③ 9,000 ✓

ⓒ 보라색에 관한 설명으로 알맞지 않은 것은 무엇인가요?
- ① It represented a ruler's class. 그것은 지배자의 계급을 나타냈습니다.
- ② It represented a ruler's wealth. 그것은 지배자의 부를 나타냈습니다.
- ③ It represented a ruler's mystery. 그것은 지배자의 신비를 나타냈습니다. ✓

2 다음 문장을 읽고 맞으면 T, 틀리면 F에 표시하세요.

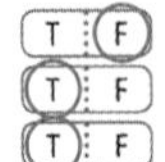

① Royal families couldn't wear purple in the past. T (F)
과거에 국왕의 가족들은 보라색을 입을 수 없었습니다.
② Purple dye came from sea snails in the past. (T) F
과거에 보라색 염료는 바다 달팽이로부터 왔습니다.
③ Now purple is widely used. (T) F
지금은 보라색이 널리 사용됩니다.

3 다음 질문에 알맞은 답이 되도록 빈칸에 들어갈 말을 본문에서 찾아 써보세요.

왜 요즘에는 모든 사람들이 보라색을 입을 수 있나요?
Q Why can everyone wear purple these days?
A It's because people can make ___artificial___ dyes now.
왜냐하면 오늘날 사람들은 인공 염료를 만들 수 있기 때문입니다.

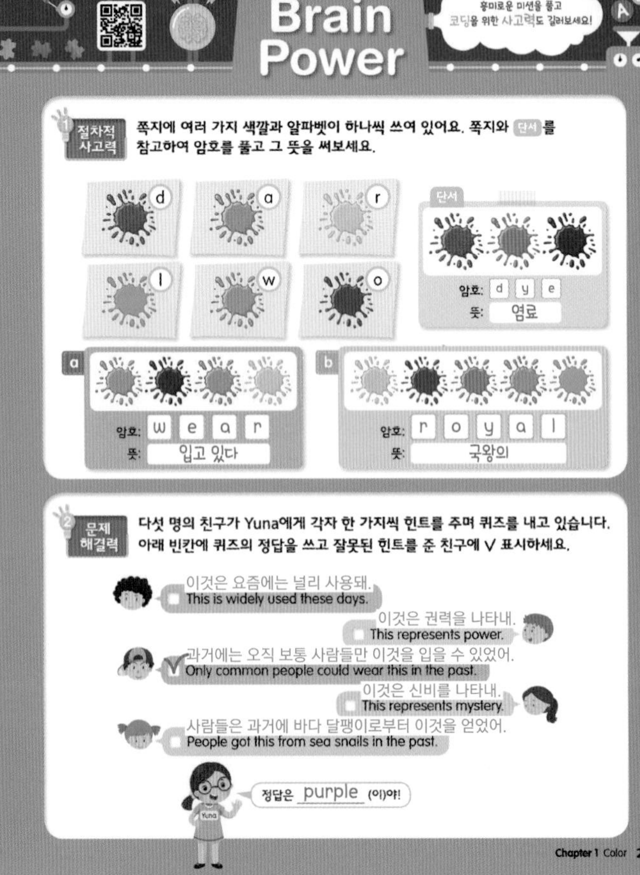

우리는 색을 섞어서 색을 만들 수 있나요? 네 아니요
Q Can we make colors by mixing colors? Yes No

UNIT 03 미술

The Three Primary Colors
삼원색

Subject Words QR코드를 이용하여 단어를 듣고 따라 읽어보세요.

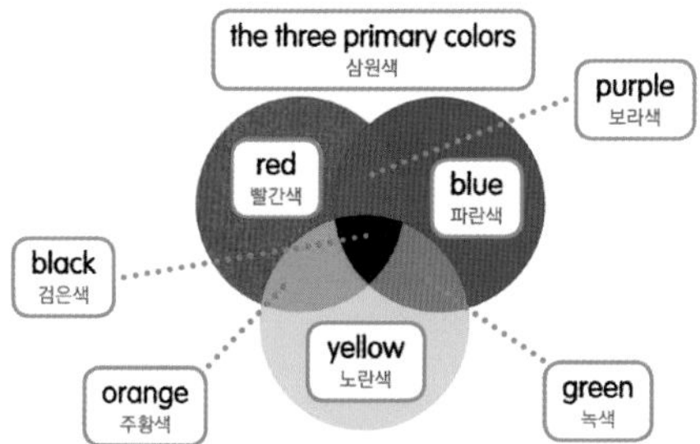

More Words QR코드를 이용하여 단어와 예문을 듣고 따라 읽어보세요.

There are many colors on the palette.
팔레트에 많은 색이 있습니다.

The two lines look different. In fact, they are the same length.
두 선은 달라 보입니다. 사실, 그들은 길이가 같습니다.

Let's mix red and blue.
빨간색과 파란색을 섞어봅시다.

Blend milk and eggs together.
우유와 달걀을 함께 섞으세요.

Love has a magical power.
사랑은 마술적인 힘을 가지고 있습니다.

The boy created a small airplane.
소년이 작은 비행기를 만들어 냈습니다.

Vocabulary Check

Subject Words 그림과 뜻을 보고 알맞은 단어를 쓰세요.

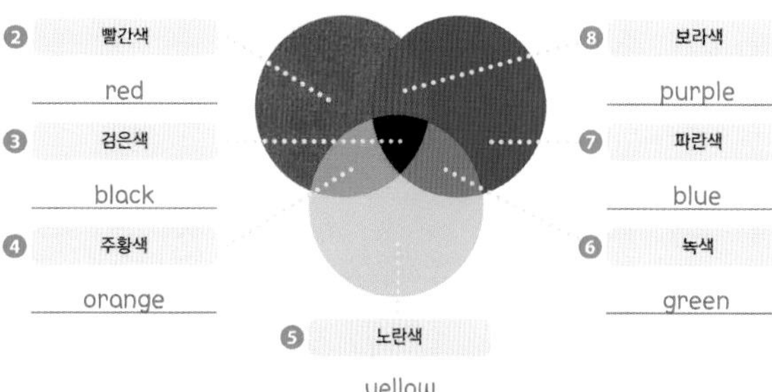

More Words 우리말에 맞는 문장이 되도록 알맞은 단어를 고르세요.

1. 소년이 작은 비행기를 만들어 냈습니다. The boy (created / copied) a small airplane.
2. 팔레트에 많은 색이 있습니다. There are many colors on the (pattern / palette).
3. 사랑은 마술적인 힘을 가지고 있습니다. Love has a (magical / vivid) power.
4. 빨간색과 파란색을 섞어봅시다. Let's (mix / multiply) red and blue.
5. 우유와 달걀을 함께 섞으세요. (Hold / Blend) milk and egg together.
6. 두 선은 달라 보입니다. 사실, 그것들은 길이가 같습니다. The two lines look different. (In fact / Therefore), they are the same length.

지문을 듣고 따라 읽어보세요.

The Three Primary Colors 삼원색

Pablo의 팔레트에는 세 가지 색만 있습니다.
그것들은 빨간색, 파란색, 그리고 노란색입니다.

There are only three colors on Pablo's palette.

They are red, blue, and yellow.

Pablo wants to paint a picture.

He needs more colors.

In fact, he can make more colors from these three colors.

Pablo는 그림을 그리고 싶습니다.
그는 더 많은 색이 필요합니다.
사실, 그는 이 세 가지 색으로 더 많은 색을 만들 수 있습니다.

Key Grammar by + 동사+ing

Pablo can make purple by mixing red and blue together.
Pablo는 빨간색과 파란색을 함께 섞음으로써 보라색을 만들 수 있습니다.

전치사 'by'의 뒤에 '동사+ing'를 쓰면 '~함으로써'라는 의미로, 수단과 방법을 나타내는 표현으로 쓰입니다.

예 We learn by reading books. 우리는 책을 읽음으로써 배웁니다.
Eagles get energy by eating snakes. 독수리는 뱀을 먹음으로써 에너지를 얻습니다.

그는 빨간색과 파란색을 함께 섞음으로써 보라색을 만들 수 있습니다.
그는 빨간색과 노란색을 함께 섞음으로써 주황색을 만들 수 있습니다.

He can make purple by mixing red and blue together.

He can make orange by mixing red and yellow together.

He can make green by mixing blue and yellow together.

그는 파란색과 노란색을 함께 섞음으로써 녹색을 만들 수 있습니다.

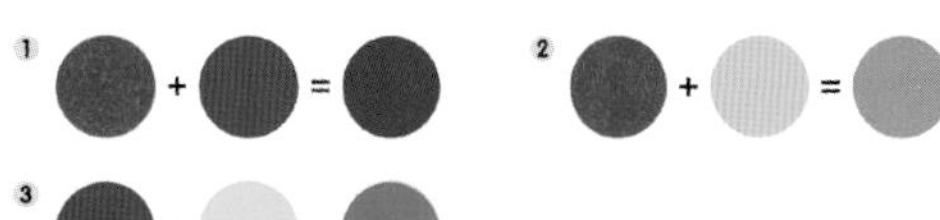

And now, if he blends all three colors together, he can make black.
그리고 이제, 만약 그가 세 가지 색 모두를 함께 섞으면, 그는 검은색을 만들 수 있습니다.

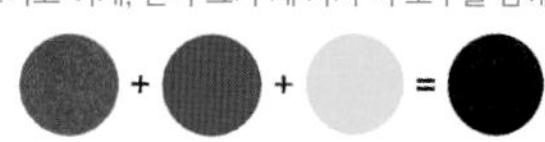

빨간색, 파란색, 그리고 노란색은 마술적인 색입니다.

Red, blue, and yellow are magical colors.

We can create many other colors with them.

So we call them the three primary colors.

우리는 그것들을 가지고 많은 다른 색을 만들어 낼 수 있습니다.
그래서 우리는 그것들을 삼원색이라고 부릅니다.

보색이란 무엇일까요?

우리는 빨간, 파란, 노란색을 삼원색이라고 합니다. 그리고 삼원색들을 교차로 섞어 나오는 초록, 주황, 보라색은 순색이라고 합니다. 원색들 사이에 순색을 배열하고, 비슷한 원리로 색을 연결하면 둥근 색띠를 만들 수 있어요. 보색은 이 둥근 색띠에서 마주보고 있는 두 색을 말해요. 예를 들어, 빨간색의 보색은 초록색이고 보라색의 보색은 연두색이랍니다.

Comprehension Check

1 다음 질문의 답으로 가장 적절한 것을 골라 보세요.

ⓐ 이 글의 주제는 무엇인가요?

✓ three basic colors 세 가지 기본적인 색
② how we make black 우리가 검은색을 만드는 방법
③ Pablo's magical palette Pablo의 마술적인 팔레트

ⓑ 다음 중 삼원색이 아닌 것은 무엇인가요?

① red ② yellow ✓ green

ⓒ 다음 중 색의 혼합에 관한 설명으로 알맞은 것은 무엇인가요?

① Green and blue make black. 녹색과 파란색은 검은색을 만듭니다.
✓ Yellow and blue make green. 노란색과 파란색은 녹색을 만듭니다.
③ Red and yellow make purple. 빨간색과 노란색은 보라색을 만듭니다.

2 다음 문장을 읽고 맞으면 T, 틀리면 F에 표시하세요.

① The three primary colors can make other colors. 삼원색은 다른 색을 만들 수 있습니다. (T)
② We can make orange from red and blue. 우리는 빨간색과 파란색으로 주황색을 만들 수 있습니다. (F)
③ Red, blue, and yellow make black. 빨간색, 파란색, 그리고 노란색은 검은색을 만듭니다. (T)

3 다음 질문에 알맞은 답이 되도록 빈칸에 들어갈 말을 본문에서 찾아 써보세요.

삼원색은 무엇인가요?
Q What are the three primary colors?
A They are red, blue, and yellow.
그것들은 빨간색, 파란색, 그리고 노란색입니다.

Brain Power

후미로운 미션을 풀고 코딩을 위한 사고력도 길러보세요!

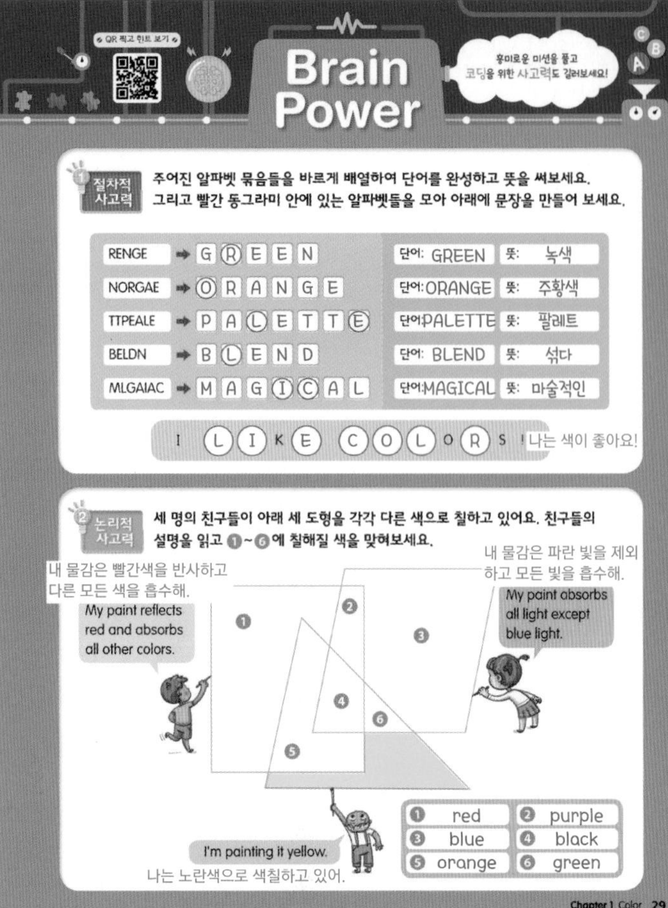

절차적 사고력 주어진 알파벳 묶음들을 바르게 배열하여 단어를 완성하고 뜻을 써보세요. 그리고 빨간 동그라미 안에 있는 알파벳들을 모아 아래에 문장을 만들어 보세요.

묶음	배열	단어	뜻
RENGE	G (R) E E N	GREEN	녹색
NORGAE	(O) R A N G E	ORANGE	주황색
TTPEALE	P A (L) E T T (E)	PALETTE	팔레트
BELDN	B (L) E N D	BLEND	섞다
MLGAIAC	M A G (I) (C) A L	MAGICAL	마술적인

I (L)(I) K (E) (C)(O)(L) O (R) S ! 나는 색이 좋아요!

논리적 사고력 세 명의 친구들이 아래 세 도형을 각각 다른 색으로 칠하고 있어요. 친구들의 설명을 읽고 ①~⑥에 칠해질 색을 맞혀보세요.

내 물감은 빨간색을 반사하고 다른 모든 색을 흡수해.
My paint reflects red and absorbs all other colors.
내 물감은 파란 빛을 제외하고 모든 빛을 흡수해.
My paint absorbs all light except blue light.
I'm painting it yellow.
나는 노란색으로 색칠하고 있어.

① red ② purple
③ blue ④ black
⑤ orange ⑥ green

오늘은 무슨 색의 음식을 먹었나요?
Q What color food have you eaten today?

UNIT 04 Eating by Color

색으로 먹기

Subject Words QR코드를 이용하여 단어를 듣고 따라 읽어보세요.

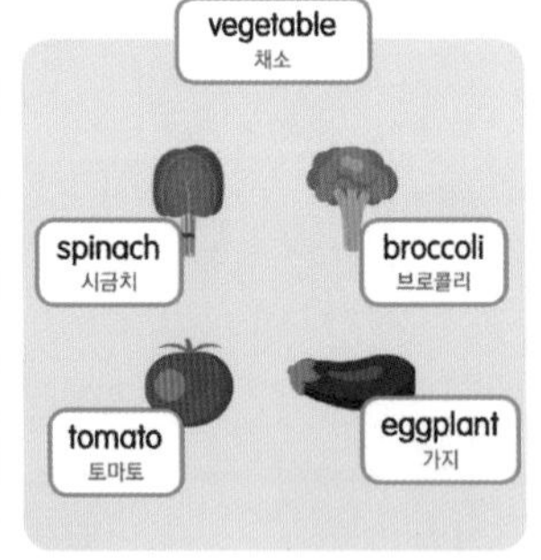

More Words QR코드를 이용하여 단어와 예문을 듣고 따라 읽어보세요.

영양소
Kimchi contains many nutrients.
김치에는 많은 영양소가 들어 있습니다.

health
건강
Vegetables are good for our health.
채소는 우리의 건강에 좋습니다.

예방하다
We can prevent fires.
우리는 화재를 예방할 수 있습니다.

cancer
암
The doctor is checking for cancer.
의사가 암을 검사하고 있습니다.

toxin
독소
The gas contains dangerous toxins.
그 가스에는 위험한 독소가 들어 있습니다.

세포
Our bodies are made of cells.
우리 몸은 세포로 구성되어 있습니다.

Vocabulary Check

Subject Words 그림과 뜻을 보고 알맞은 단어를 쓰세요.

번호	뜻	단어
1	과일	fruit
2	레몬	lemon
3	포도	grape
4	수박	watermelon
5	파인애플	pineapple
6	채소	vegetable
7	토마토	tomato
8	시금치	spinach
9	브로콜리	broccoli
10	가지	eggplant

More Words 우리말에 맞는 문장이 되도록 알맞은 단어를 고르세요.

① 우리 몸은 세포로 구성되어 있습니다. Our bodies are made of dyes / (cells).
② 그 가스에는 위험한 독소가 들어 있습니다. The gas contains dangerous toxic / (toxins).
③ 김치에는 많은 영양소가 들어 있습니다. Kimchi contains many (nutrients) / pesticides.
④ 의사가 암을 검사하고 있습니다. The doctor is checking for sensor / (cancer).
⑤ 채소는 우리의 건강에 좋습니다. Vegetables are good for our (health) / harvest.
⑥ 우리는 화재를 예방할 수 있습니다. We can (prevent) / protect fires.

지문을 듣고 따라 읽어보세요.

Eating by Color 색으로 먹기

과일과 채소는 다양한 색으로 납니다.
각각의 색은 다른 영양소를 가지고 있습니다.

Fruits and vegetables come in different colors.

Each color has different nutrients.

They are all good for our health!
그것들은 모두 우리의 건강에 좋습니다!

brain
eye
bone
heart
skin

These foods are red. 이 음식들은 빨간색입니다.

They are tomatoes and watermelon. 그것들은 토마토와 수박입니다.

Red foods can prevent cancer.

They also keep our heart healthy.
레드 푸드는 암을 예방할 수 있습니다.
그것들은 또한 우리의 심장을 건강하게 합니다.

Key Grammar keep + 명사(구) + 형용사

Red foods keep our heart healthy. 레드 푸드는 우리의 심장을 건강하게 합니다.

동사 'keep' 뒤에 '명사(구)+형용사'가 오면 '~을 …한 상태로 유지합니다', '~을 (계속) …하게 합니다'라는 의미를 나타냅니다.

예 Keep your room clean. 당신의 방을 깨끗한 상태로 유지하세요.
The roof keeps the house warm. 그 지붕은 집을 계속 따뜻하게 합니다.

이것들은 옐로우 푸드입니다.
그것들은 레몬과 파인애플입니다.
옐로우 푸드는 우리의 피부를 보호합니다.
그것들은 또한 우리의 눈을 건강하게 합니다.

These are yellow foods.

They are lemons and pineapple.

Yellow foods protect our skin.

They also keep our eyes healthy.

These foods are green.

They are broccoli and spinach.

Green foods protect our body from toxins.

They also keep our bones strong.

이 음식들은 녹색입니다.
그것들은 브로콜리와 시금치입니다.
그린 푸드는 우리의 몸을 독소로부터 보호합니다.
그것들은 또한 우리의 뼈를 튼튼하게 합니다.

These are purple foods.

They are grapes and eggplant.

Purple foods protect our cells.

They also keep our brain healthy.

이것들은 퍼플 푸드입니다.
그것들은 포도와 가지입니다.
퍼플 푸드는 우리의 세포를 보호합니다.
그것들은 또한 우리의 뇌를 건강하게 합니다.

감기에는 화이트 푸드(White Foods)!

화이트 푸드 중에는 마늘, 양파, 생강 등 독특한 향과 매운 맛을 가진 음식들이 많아요. 이 음식들에는 흰색을 내는 '안토크산틴'이라는 성분이 들어있는데, 이 성분은 폐와 기관지를 튼튼하게 해주어 감기 예방에 매우 효과적이에요. 또, 몸 속의 나쁜 물질을 몸 밖으로 내보내서 균과 바이러스에 대한 저항력을 길러 준답니다.

Comprehension Check

1 다음 질문의 답으로 가장 적절한 것을 골라 보세요.

ⓐ 이 글의 주제는 무엇인가요?

① how to keep our body healthy 우리의 몸을 건강하게 하는 방법
② healthy foods of different colors 다양한 색의 건강에 좋은 음식들 ✓
③ differences between fruits and vegetables 과일과 채소 사이의 차이점

ⓑ 레드 푸드에 대한 설명으로 알맞지 않은 것은 무엇인가요?

① They can prevent cancer. 그것들은 암을 예방할 수 있습니다.
② They keep our brain healthy. 그것들은 우리의 뇌를 건강하게 합니다. ✓
③ They keep our heart healthy. 그것들은 우리의 심장을 건강하게 합니다.

ⓒ 다음 중 같은 색을 가진 음식이 아닌 것은 무엇인가요?

① spinach 시금치 ② broccoli 브로콜리 ③ eggplant 가지 ✓

2 다음 문장을 읽고 맞으면 T, 틀리면 F에 표시하세요.

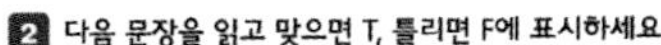

① Lemons and pineapple protect our skin. 레몬과 파인애플은 우리의 피부를 보호합니다. T / F (T)
② Green foods protect our body from toxins. 그린 푸드는 독소로부터 우리의 몸을 보호합니다. T / F (T)
③ Eggplant keeps our bones strong. 가지는 우리의 뼈를 튼튼하게 합니다. T / F (F)

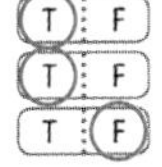

3 다음 질문에 알맞은 답이 되도록 빈칸에 들어갈 말을 본문에서 찾아 써보세요.

우리는 왜 다양한 색의 음식을 먹어야 하나요?
Q Why should we eat foods of different colors?

A It's because each color has __different__ __nutrients__.
왜냐하면 각각의 색이 다른 영양소를 가지고 있기 때문입니다.

QR 찍고 힌트 보기
Brain Power
흥미로운 미션을 풀고 코딩을 위한 사고력도 길러보세요!
문제 해결력
Billy의 아빠는 가족들이 평소에 이야기했던 것을 바탕으로 과일과 채소를 샀습니다. 아빠의 바구니를 참고하여 Shopping List의 빈칸을 알맞게 채워보세요.
아빠, 내 눈이 나빠지고 있어요.
Dad, my eyes are going bad.
아빠, 저는 약한 뼈를 가지고 있어요, 아시죠.
Dad, I have weak bones, you know.
나는 내 뇌를 건강하게 하고 싶어요.
I want to keep my brain healthy.
Billy's sister Emma
Billy
Billy's mother Sandra
Shopping List
lemon for Emma
broccoli for Billy
grape for Sandra

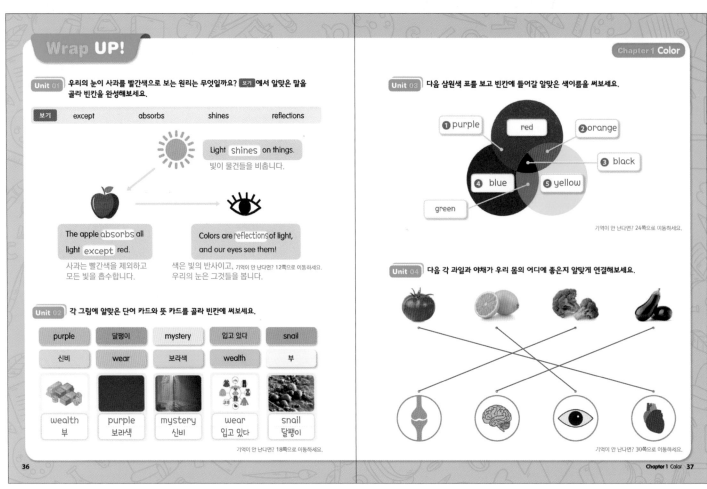

Wrap UP!

Unit 01 우리의 눈이 사과를 빨간색으로 보는 원리는 무엇일까요? 보기 에서 알맞은 말을 골라 빈칸을 완성해보세요.

보기	except	absorbs	shines	reflections

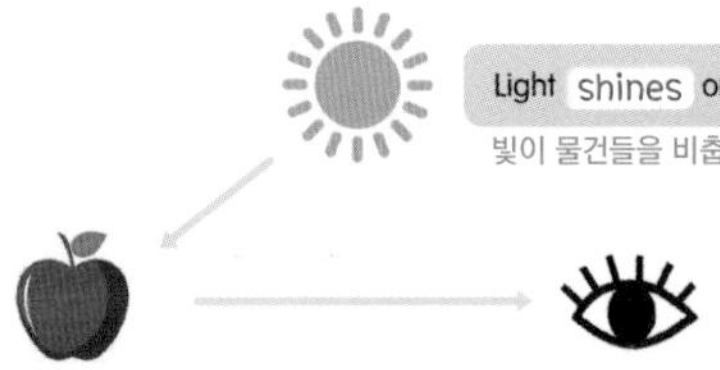

Light shines on things.
빛이 물건들을 비춥니다.

The apple absorbs all light except red.
사과는 빨간색을 제외하고 모든 빛을 흡수합니다.

Colors are reflections of light, and our eyes see them!
색은 빛의 반사이고, 우리의 눈은 그것들을 봅니다.

기억이 안 난다면? 12쪽으로 이동하세요.

Unit 02 각 그림에 알맞은 단어 카드와 뜻 카드를 골라 빈칸에 써보세요.

purple	달팽이	mystery	입고 있다	snail
신비	wear	보라색	wealth	부
wealth 부	purple 보라색	mystery 신비	wear 입고 있다	snail 달팽이

기억이 안 난다면? 18쪽으로 이동하세요.

Unit 03 다음 삼원색 표를 보고 빈칸에 들어갈 알맞은 색이름을 써보세요.

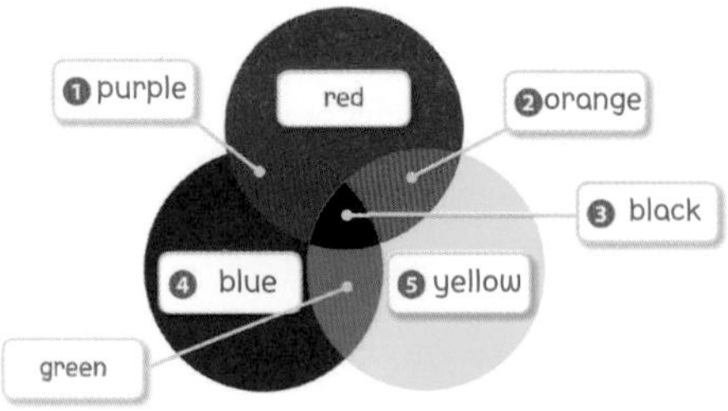

red, green
❶ purple
❷ orange
❸ black
❹ blue
❺ yellow

기억이 안 난다면? 24쪽으로 이동하세요.

Unit 04 다음 각 과일과 야채가 우리 몸의 어디에 좋은지 알맞게 연결해보세요.

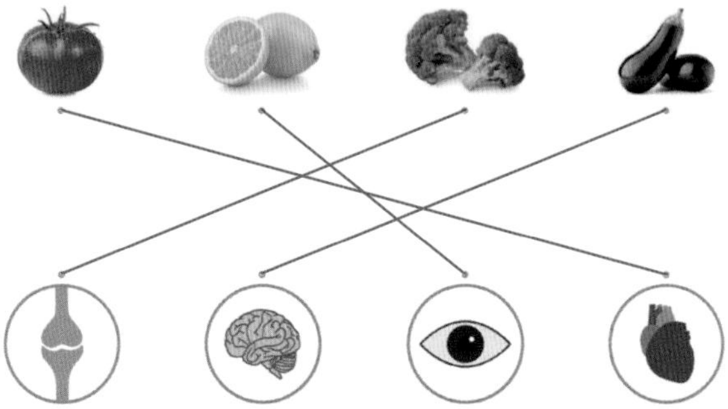

기억이 안 난다면? 30쪽으로 이동하세요.

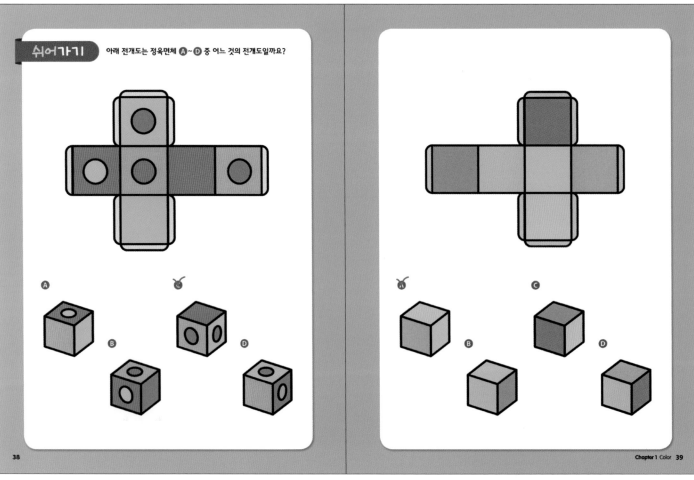

쉬어가기 아래 전개도는 정육면체 Ⓐ~Ⓓ 중 어느 것의 전개도일까요?

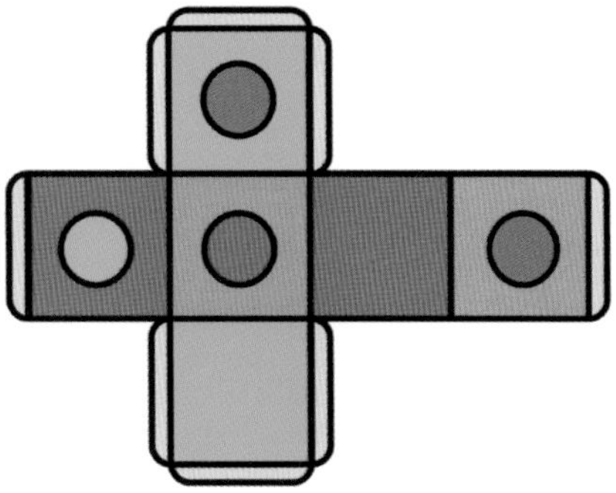

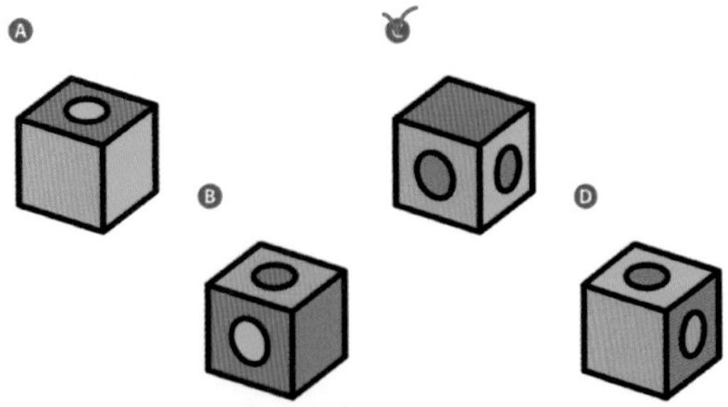

Ⓐ Ⓑ Ⓒ Ⓓ

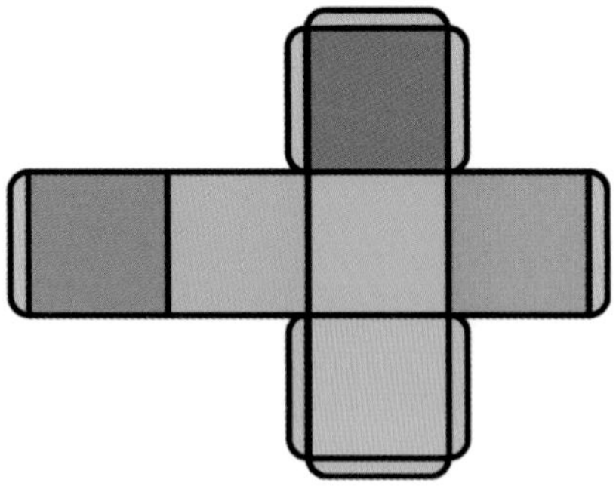

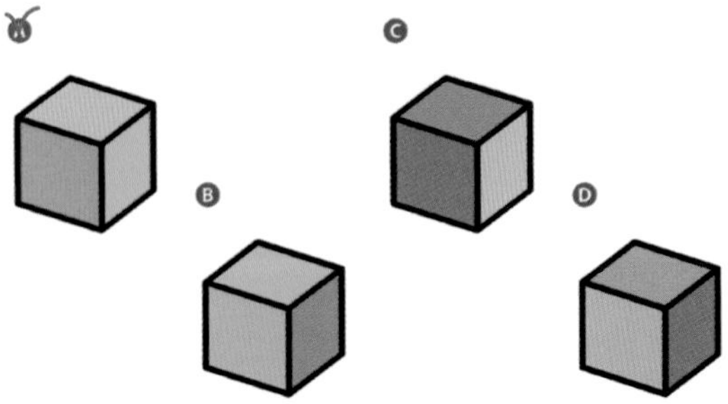

Ⓐ Ⓑ Ⓒ Ⓓ

빵을 만드는 방법을 알고 있나요? 네 아니오
Do you know how to make bread? Yes ☐ No ☐

UNIT 01 과학 What Makes Bread Soft?

무엇이 빵을 부드럽게 만드나요?

Subject Words QR코드를 이용하여 단어를 듣고 따라 읽어보세요.

More Words QR코드를 이용하여 단어와 예문을 듣고 따라 읽어보세요.

Children learn basic rules.
아이들은 기본적인 규칙을 배웁니다.

Yeast makes dough rise.
이스트는 반죽을 부풀게 합니다.

There is fungus on the wall.
벽에 곰팡이가 있습니다.

The sun is active.
태양은 활동을 합니다.

The room is empty.
방이 비어 있습니다.

There is no space in the car.
자동차에 공간이 없습니다.

Vocabulary Check

Subject Words 그림과 뜻을 보고 알맞은 단어를 쓰세요.

1. 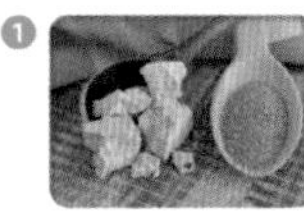
이스트
yeast

2. 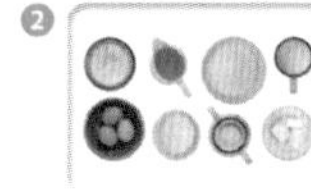
재료
ingredient

3. 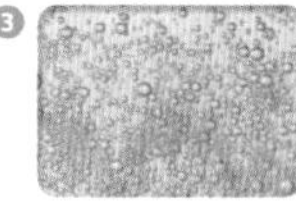
거품
bubble

4. 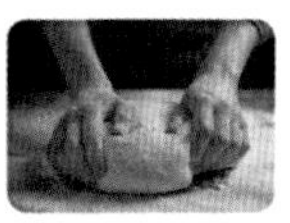
반죽
dough

5. 
밀가루
flour

6. 
빵
bread

More Words 우리말에 맞는 문장이 되도록 알맞은 단어를 고르세요.

1. 태양은 활동을 합니다. The sun is creative / (active).
2. 이스트는 반죽을 부풀게 합니다. Yeast makes dough (rise) / die .
3. 아이들은 기본적인 규칙을 배웁니다. Children learn (basic) / mathematical rules.
4. 방이 비어 있습니다. The room is heavy / (empty).
5. 벽에 곰팡이가 있습니다. There is flour / (fungus) on the wall.
6. 자동차에 공간이 없습니다. There is no (space) / sports in the car.

무엇이 빵을 부드럽게 만드나요?

What Makes Bread Soft?

What are the basic ingredients of bread? 빵의 기본적인 재료는 무엇인가요?

They are flour and water. 그것들은 밀가루와 물입니다.

You can also add sugar or salt. 당신은 설탕이나 소금을 더할 수 있습니다.

For soft bread, you have to add one more ingredient.
부드러운 빵을 위해서, 당신은 한가지 재료를 더 더해야 합니다.

Can you guess what it is? It is yeast!

Let's find out how yeast works.
그게 무엇인지 당신은 추측할 수 있나요? 그것은 이스트입니다!
어떻게 이스트가 작용하는지 알아봅시다.

Key Grammar have to

For soft bread, you have to add one more ingredient.
부드러운 빵을 위해서, 당신은 한가지 재료를 더 더해야 합니다.

'have to'는 '~해야 합니다'라는 뜻으로 의무, 필요를 나타내는 표현이에요. have to 뒤에는 반드시 동사원형을 씁니다.

You have to wash your hands. 당신은 당신의 손을 닦아야 합니다.
I have to do my homework. 나는 내 숙제를 해야 합니다.

당신은 밀가루와 물로 빵 반죽을 만듭니다.
그 다음에 당신은 이스트를 더해야 합니다.

You make bread dough with flour and water.

Then you have to add yeast.

After ten minutes, you can see bubbles in the dough.

And the bread dough rises. 10분 후에, 당신은 반죽 안에서 거품을 볼 수 있습니다.
그리고 빵 반죽이 부풉니다.

How does yeast make the dough rise?

Yeast is a kind of fungus. It is active.

It makes gas bubbles in the dough.

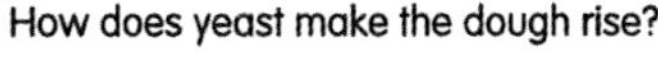

These gas bubbles become the empty space in bread.

Thanks to the empty space, bread feels soft.
어떻게 이스트는 반죽을 부풀게 할까요?
이스트는 곰팡이의 한 종류입니다. 그것은 활동을 합니다.
그것은 반죽 안에서 기체 거품을 만듭니다.
이 거품은 빵 속의 빈 공간이 됩니다.
그 빈 공간 덕분에, 빵은 부드럽게 느껴집니다.

빵도 과학적으로 구워야 해!

밀가루에도 여러 종류가 있어요. 그중에서도 글루텐이라는 단백질이 많이 들어있는 밀가루를 쓰면 우리는 더 쫄깃하고 맛있는 빵을 구울 수 있어요. 이스트를 넣을 때도 주의해야 해요. 이스트는 약 섭씨 30도에서 가장 활발하게 활동하지만, 섭씨 45도 이상이 되면 모두 죽어버려요. 온도가 너무 높으면 부풀어 오르던 반죽이 푹 꺼질 수도 있겠죠? 이처럼 빵을 구울 때는 온도 조절도 매우 중요하답니다.

Comprehension Check

1 다음 질문의 답으로 가장 적절한 것을 골라 보세요.

ⓐ 이 글의 주제는 무엇인가요?
① how to make bread soft 빵을 부드럽게 만드는 방법
② the active fungus in flour 밀가루 속의 활동적인 곰팡이
③ bread dough with salt and sugar 소금과 설탕을 넣은 빵 반죽

ⓑ 다음 중 빵을 만들 때 필요한 재료로 언급되지 않은 것은 무엇인가요?
① flour 밀가루 ② yeast 이스트 ③ milk 우유

ⓒ 이스트에 관한 설명으로 알맞지 않은 것은 무엇인가요?
① It is active. 그것은 활동을 합니다.
② It is a kind of bread. 그것은 빵의 한 종류입니다.
③ It makes gas bubbles in dough. 그것은 반죽 안에서 기체 거품을 만듭니다.

2 다음 문장을 읽고 맞으면 T, 틀리면 F에 표시하세요.

① The basic ingredients of bread are salt and water. 빵의 기본적인 재료는 소금과 물입니다. T (F)
② For soft bread, you need yeast. 부드러운 빵을 위해서, 당신은 이스트가 필요합니다. (T) F
③ Bread dough rises thanks to yeast. 빵 반죽은 이스트 덕분에 부풉니다. (T) F

3 다음 질문에 알맞은 답이 되도록 빈칸에 들어갈 말을 본문에서 찾아 써보세요.

어떻게 이스트는 반죽을 부풀어 오르게 하나요?
Q How does yeast make dough rise?
A Yeast makes gas bubbles in the dough. They become the empty space in bread.
이스트는 반죽 안에서 기체 거품을 만듭니다. 그것들은 빵 속에서 빈 공간이 됩니다.

Brain Power

QR 찍고 힌트 보기

흥미로운 미션을 풀고 코딩을 위한 사고력도 길러보세요!

절차적 사고력 힌트를 참고하여 표의 한가운데 찍힌 점을 중심으로 대칭이 되는 도형인 점대칭 도형을 그려봅시다. 도형을 완성한 후 도형 안의 알파벳으로 단어를 만들고 그 뜻을 써보세요. (단, 네모가 완전히 포함된 칸의 알파벳만 쓸 수 있어요.)

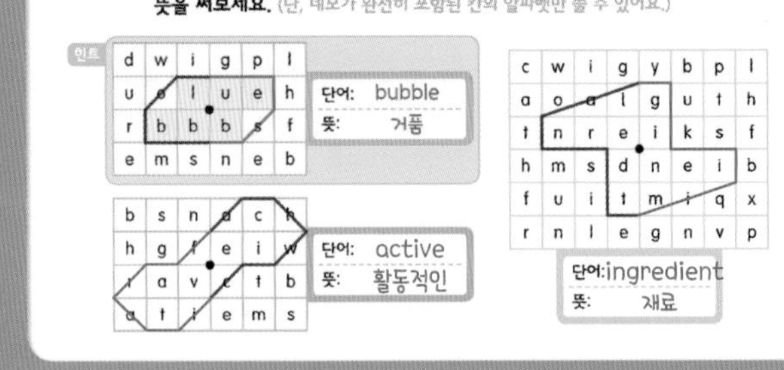

d	w	i	g	p	l
u	o	l	u	e	h
r	b	b	b	s	f
e	m	s	n	e	b

단어: bubble
뜻: 거품

b	s	n	a	c	h
h	g	f	e	i	w
r	a	v	c	t	b
a	t	i	e	m	s

단어: active
뜻: 활동적인

c	w	i	g	y	b	p	l
a	o	a	l	g	u	t	h
t	n	r	e	i	k	s	f
h	m	s	d	n	e	i	b
f	u	i	t	m	i	q	x
r	n	l	e	g	n	v	p

단어: ingredient
뜻: 재료

문제 해결력 ①~④에 놓인 갈림길에서 알맞은 설명을 따라 길을 찾고, Jenny가 먹게 될 빵을 찾아 V표시해보세요.

YES ➡ NO ➡

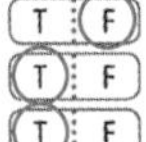

① Yeast is active. 이스트는 활동적입니다.
② Yeast makes gas bubbles. 이스트는 기체 거품을 만듭니다.
③ We need salt for soft bread. 우리는 부드러운 빵을 위해서 소금이 필요합니다.
④ Bread dough rises thanks to flour. 빵 반죽은 밀가루 덕분에 부풉니다.

Q Have you tried pretzel bread? Yes ☐ No ☐

UNIT 02 사회 Breads from Around the World
전 세계의 빵

Subject Words QR코드를 이용하여 단어를 듣고 따라 읽어보세요.

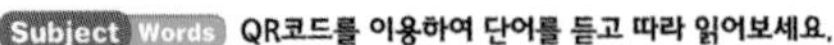

More Words QR코드를 이용하여 단어와 예문을 듣고 따라 읽어보세요.

튀긴, 프라이한
I ate fried eggs for breakfast. 나는 아침으로 계란 프라이를 먹었습니다.

고리
The planet has a ring around it. 그 행성은 주변에 고리가 있습니다.

구운
I like baked potatoes. 나는 구운 감자를 좋아합니다.

(가루 반죽) 파이
There are different kinds of pastries. 다양한 종류의 파이가 있습니다.

바삭바삭한
Fried chicken is crispy. 튀긴 닭은 바삭바삭합니다.

inside
안쪽
Most watermelons are red on the inside. 대부분의 수박들은 안쪽이 빨갛습니다.

Vocabulary Check

Subject Words 그림과 뜻을 보고 알맞은 단어를 쓰세요.

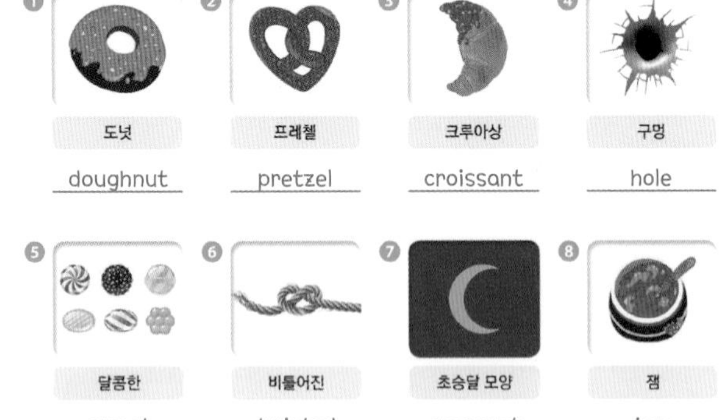

① 도넛 doughnut
② 프레첼 pretzel
③ 크루아상 croissant
④ 구멍 hole
⑤ 달콤한 sweet
⑥ 비틀어진 twisted
⑦ 초승달 모양 crescent
⑧ 잼 jam

More Words 우리말에 맞는 문장이 되도록 알맞은 단어를 고르세요.

① 나는 구운 감자를 좋아합니다. I like (baked) / fried potatoes.
② 나는 아침으로 계란 프라이를 먹었습니다. I ate baked / (fried) eggs for breakfast.
③ 튀긴 닭은 바삭바삭합니다. Fried chicken is soft / (crispy).
④ 그 행성은 주변에 고리가 있습니다. The planet has a (ring) / tile around it.
⑤ 다양한 종류의 파이가 있습니다. There are different kinds of pretzels / (pastries).
⑥ 대부분의 수박들은 안쪽이 빨갛습니다. Most watermelons are red on the (inside) / outside.

지문을 듣고 따라 읽어보세요.

Breads from Around the World 전 세계의 빵

전 세계에서 사람들은 빵을 먹습니다.
빵은 다양한 모양과 맛으로 나옵니다.

People eat bread all over the world.

Bread comes in different shapes and tastes.

Here are three popular types of bread.
여기 세 가지 종류의 인기 있는 빵이 있습니다.

Doughnuts 도넛

Doughnuts are fried bread from the Netherlands.

They have a hole, so they look like rings.

Doughnuts contain a lot of sugar.

They taste sweet!

도넛은 네덜란드에서 온 튀긴 빵입니다.
그것들은 구멍을 가지고 있어서, 그것들은 마치 고리처럼 보입니다.
도넛에는 많은 설탕이 들어 있습니다.
그것들은 달콤한 맛이 납니다!

Key Grammar taste + 형용사

Doughnuts taste sweet! 도넛은 달콤한 맛이 납니다!

'taste'는 '~한 맛이 납니다'라는 뜻의 동사로, 뒤에는 맛을 설명하는 sweet(달콤한), good(좋은), salty(짠), sour(신) 등의 형용사를 씁니다.

예 A lemon tastes sour. 레몬은 신맛이 납니다.
The soup tastes salty. 그 수프는 짠맛이 납니다.

Pretzels 프레첼

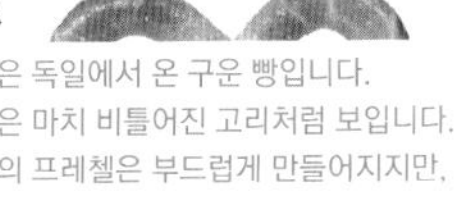

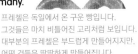

Pretzels are baked bread from Germany.

They look like twisted rings.

Most pretzels are made soft,

but some of them are made hard.

Pretzels taste good with salt.

프레첼은 독일에서 온 구운 빵입니다.
그것들은 마치 비틀어진 고리처럼 보입니다.
대부분의 프레첼은 부드럽게 만들어지지만,
어떤 것들은 딱딱하게 만들어집니다.
프레첼은 소금과 함께 좋은 맛이 납니다.

Croissants 크루아상

Croissants are pastries from Austria.

They look like crescent moons.

They are crispy on the outside, but soft on the inside.

Croissants taste good with sweet jam.

크루아상은 오스트리아에서 온 파이입니다.
그것들은 마치 초승달처럼 보입니다.
그것들은 겉이 바삭바삭하지만, 안쪽은 부드럽습니다.
크루아상은 달콤한 잼과 함께 좋은 맛이 납니다.

도넛 가운데에 구멍은 왜 생기게 된걸까?

가운데 커다란 구멍이 나 있는 도넛은 어떻게 만들어졌을까요? 1847년 네덜란드계 미국인 선장 핸슨 그레고리(Hanson Gregory)의 아이디어였다는 설이 있어요. 이 설에 따르면, 그레고리 선장이 항해 도중 빵을 먹기 위해 배의 키 손잡이에 꽂을 수 있도록 빵 가운데에 구멍을 뚫게 했다고 합니다. 하나 확실한 건, 가운데 큰 구멍이 도넛을 더 특별하고 맛있어 보이게 해주는 것 같죠?

Comprehension Check

1 다음 질문의 답으로 가장 적절한 것을 골라 보세요.

ⓐ 이 글의 주제는 무엇인가요?
① how to make bread crispy 빵을 바삭바삭하게 만드는 방법
② popular pastries from Austria 오스트리아에서 온 인기 있는 파이
③ breads from different countries 다른 나라들의 빵 ✓

ⓑ 도넛은 어느 나라의 빵인가요?
① Germany 독일 ② Austria 오스트리아 ③ the Netherlands 네덜란드 ✓

ⓒ 프레첼에 관한 설명으로 알맞지 않은 것은 무엇인가요?
① They look like twisted rings. 그것들은 마치 비틀어진 고리같이 보입니다.
② There are only soft pretzels. 오직 부드러운 프레첼만 있습니다. ✓
③ They taste good with salt. 그것들은 소금과 함께 좋은 맛이 납니다.

2 다음 문장을 읽고 맞으면 T, 틀리면 F에 표시하세요.

① There is a lot of sugar in doughnuts. (T) F
도넛에는 설탕이 많이 있습니다.
② Croissants are crispy on the inside. T (F)
크루아상은 안쪽이 바삭바삭 합니다.
③ Pretzels are baked bread from Austria. T (F)
프레첼은 오스트리아에서 온 구운 빵입니다.

3 다음 질문에 알맞은 답이 되도록 빈칸에 들어갈 말을 본문에서 찾아 써보세요.

도넛, 프레첼, 그리고 크루아상은 마치 무엇처럼 보이나요?
Q What do doughnuts, pretzels, and croissants look like?
A Doughnuts look like __rings__, pretzels look like __twisted__ rings, and croissants look like __crescent__ moons.
도넛은 마치 고리처럼 보이고, 프레첼은 마치 비틀어진 고리처럼 보이고, 그리고 크루아상은 마치 초승달처럼 보입니다.

Brain Power

QR 찍고 힌트 보기
흥미로운 미션을 풀고 코딩을 위한 사고력도 길러보세요!

논리적 사고력 다섯 명의 친구가 Doughnuts, Pretzels, Croissants 중 하나를 먹었습니다. 단서를 참고하여 친구들이 먹은 빵에 ✓ 표시해보세요.

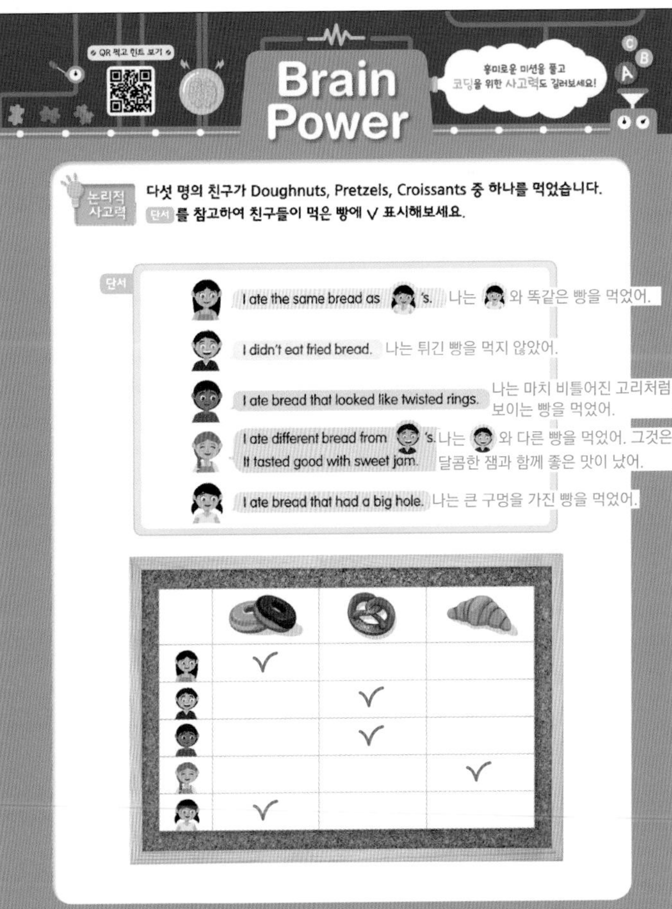

단서
I ate the same bread as 's. 나는 와 똑같은 빵을 먹었어.
I didn't eat fried bread. 나는 튀긴 빵을 먹지 않았어.
I ate bread that looked like twisted rings. 나는 마치 비틀어진 고리처럼 보이는 빵을 먹었어.
I ate different bread from 's. It tasted good with sweet jam. 나는 와 다른 빵을 먹었어. 그것은 달콤한 잼과 함께 좋은 맛이 났어.
I ate bread that had a big hole. 나는 큰 구멍을 가진 빵을 먹었어.

	Doughnuts	Pretzels	Croissants
친구 1	✓		
친구 2		✓	
친구 3		✓	
친구 4			✓
친구 5	✓		

빵을 예술에 쓸 수 있을까요? 네 아니요
Q Can we use bread for art? Yes No

UNIT 03 미술

Painter's Bread

화가의 빵

Subject Words QR코드를 이용하여 단어를 듣고 따라 읽어보세요.

More Words QR코드를 이용하여 단어와 예문을 듣고 따라 읽어보세요.

빵집 참고 baker 제빵사
A baker works at a bakery.
제빵사는 빵집에서 일합니다.

버터
I eat bread with butter.
나는 빵을 버터와 함께 먹습니다.

brown
갈색의
The boy is wearing brown clothes.
그 소년은 갈색 옷을 입고 있습니다.

마음이 상한
He was so upset.
그는 매우 마음이 상했습니다.

망치다
She ruined her clothes.
그녀는 그녀의 옷을 망쳤습니다.

mistake
실수
People make mistakes.
사람들은 실수를 합니다.

Vocabulary Check

Subject Words 그림과 뜻을 보고 알맞은 단어를 쓰세요.

1 
그리기 도구
drawing tool

2 
그리다
paint

3
숯; *목탄
charcoal

4 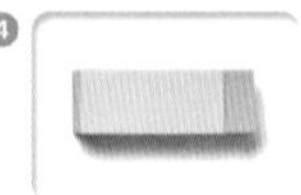
지우개
eraser

More Words 우리말에 맞는 문장이 되도록 알맞은 단어를 고르세요.

1 그녀는 그녀의 옷을 망쳤습니다. She ruined / shined her clothes.
2 그는 매우 마음이 상했습니다. He was so healthy / upset.
3 그 소년은 갈색 옷을 입고 있습니다. The boy is wearing brown / black clothes.
4 사람들은 실수를 합니다. People make harmonies / mistakes.
5 제빵사는 빵집에서 일합니다. A baker / farmer works at a bakery / pastry.
6 나는 빵을 버터와 함께 먹습니다. I eat bread with jam / butter.

자문을 듣고 따라 읽어보세요.

Painter's Bread

화가의 빵

There was a bakery in a small town. 작은 도시에 한 빵집이 있었습니다.
It sold two types of bread. 그곳은 두 종류의 빵을 팔았습니다.
One was white bread made without butter. 하나는 버터 없이 만들어진 흰 빵이었습니다.
And the other was brown bread made with butter.
그리고 다른 하나는 버터를 넣고 만들어진 갈색 빵이었습니다.

One day, a painter came to the bakery.
The painter wanted white bread.
But the baker gave the painter brown bread.
어느 날, 한 화가가 빵집에 왔습니다.
화가는 흰 빵을 원했습니다.
하지만 제빵사는 화가에게 갈색 빵을 주었습니다.

다음 날, 화가가 빵집으로 왔습니다.
그는 매우 마음이 상해 있었습니다.
The next day, the painter came to the bakery.
He was very upset.
"당신이 내 그림을 망쳤습니다! 당신은 나한테 갈색 빵을 주었습니다.
하지만 나는 흰 빵이 필요했습니다!"라고 화가가 말했습니다.
"You ruined my painting! You gave me brown bread.
But I needed white bread!" said the painter.
"It was my mistake. But brown bread tastes good, too!" said the baker.
"그것은 내 실수였습니다. 하지만 갈색 빵도 맛이 좋습니다!"라고 제빵사가 말했습니다.

"I don't eat bread! It is my drawing tool.
I draw with charcoal. And I use white bread as an eraser.
But the butter in the brown bread ruined everything!"
said the painter.
"나는 빵을 먹지 않습니다! 그것은 내 그리기 도구입니다.
나는 목탄으로 그립니다. 그리고 나는 흰 빵을 지우개로 사용합니다.
하지만 갈색 빵 안의 버터가 모든 것을 망쳤습니다!"
라고 화가가 말했습니다.

Sorry...

Key Grammar 명사 + 과거분사(구)

One was white bread made without butter. 하나는 버터 없이 만들어진 흰 빵이었습니다.

과거분사는 명사의 앞이나 뒤에서 명사를 꾸며주는 역할을 합니다. 이때, '~해진', '~된'이라는 의미를 나타냅니다.

예 I have a bag painted in rainbow colors. 나는 무지개색으로 칠해진 가방이 있습니다.
There is a tower built by a famous architect. 어떤 유명한 건축가에 의해 지어진 탑이 있습니다.

오 헨리(O. Henry)의 마녀의 빵

오 헨리의 <마녀의 빵> 이야기를 아시나요? 이야기 속 빵집 주인은 버터가 들어가지 않은 저렴한 빵만 사는 남자를 보고 가난한 화가일 것이라고 생각했어요. 어느 날 주인은 그 남자에게 호의로 버터가 든 빵을 주었어요. 하지만 그는 목탄으로 설계도를 그리는 건축가였고, 버터가 들어가지 않은 빵을 지우개로 사용해왔었죠. 결국 그는 주인이 준 빵 속 버터 때문에 설계도를 망치고 말았습니다.

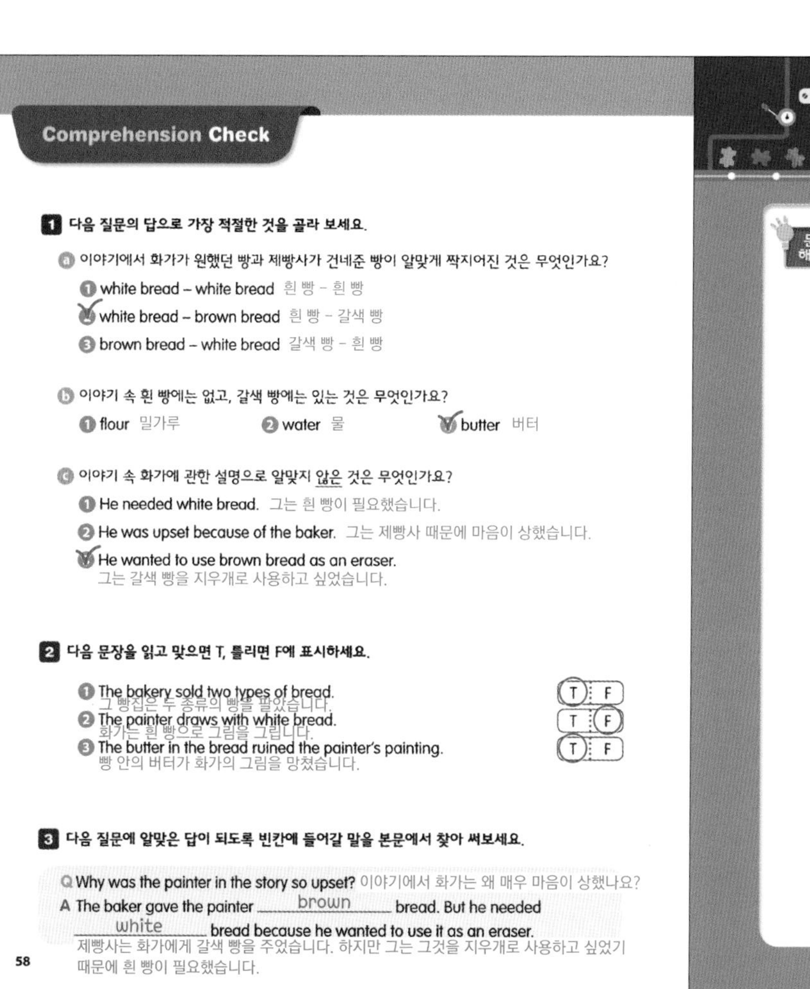

Comprehension Check

1 다음 질문의 답으로 가장 적절한 것을 골라 보세요.

ⓐ 이야기에서 화가가 원했던 빵과 제빵사가 건네준 빵이 알맞게 짝지어진 것은 무엇인가요?

① white bread – white bread 흰 빵 – 흰 빵
② white bread – brown bread 흰 빵 – 갈색 빵 (✓)
③ brown bread – white bread 갈색 빵 – 흰 빵

ⓑ 이야기 속 흰 빵에는 없고, 갈색 빵에는 있는 것은 무엇인가요?

① flour 밀가루　② water 물　③ butter 버터 (✓)

ⓒ 이야기 속 화가에 관한 설명으로 알맞지 않은 것은 무엇인가요?

① He needed white bread. 그는 흰 빵이 필요했습니다.
② He was upset because of the baker. 그는 제빵사 때문에 마음이 상했습니다.
③ He wanted to use brown bread as an eraser. (✓)
그는 갈색 빵을 지우개로 사용하고 싶었습니다.

2 다음 문장을 읽고 맞으면 T, 틀리면 F에 표시하세요.

① The bakery sold two types of bread. (T)
그 빵집은 두 종류의 빵을 팔았습니다.
② The painter draws with white bread. (F)
화가는 흰 빵으로 그림을 그립니다.
③ The butter in the bread ruined the painter's painting. (T)
빵 안의 버터가 화가의 그림을 망쳤습니다.

3 다음 질문에 알맞은 답이 되도록 빈칸에 들어갈 말을 본문에서 찾아 써보세요.

Q Why was the painter in the story so upset? 이야기에서 화가는 왜 매우 마음이 상했나요?
A The baker gave the painter brown bread. But he needed white bread because he wanted to use it as an eraser.
제빵사는 화가에게 갈색 빵을 주었습니다. 하지만 그는 그것을 지우개로 사용하고 싶었기 때문에 흰 빵이 필요했습니다.

58

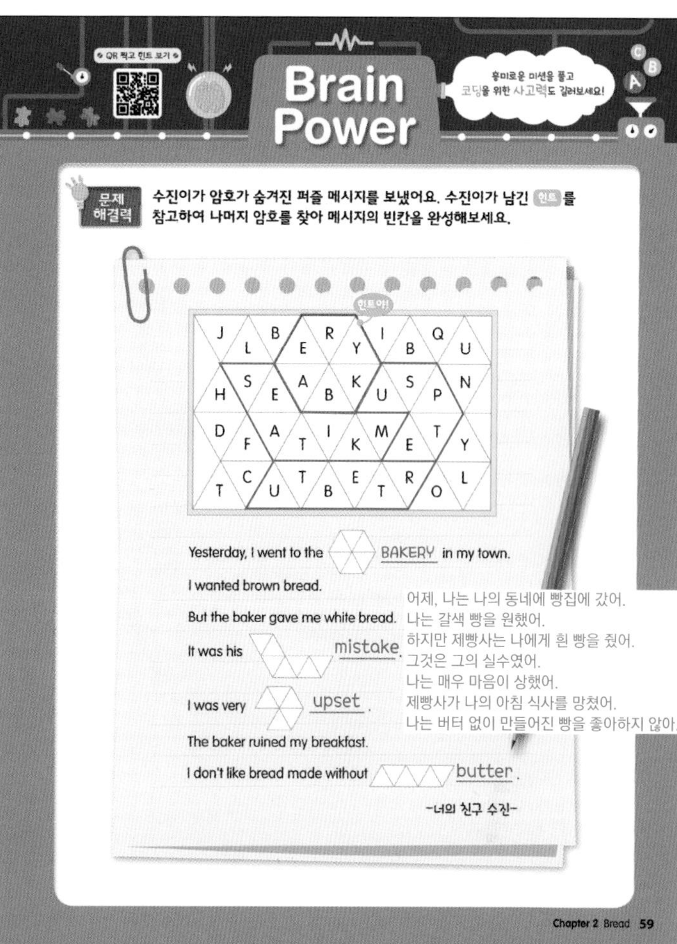

Brain Power

문제해결력 수진이가 암호가 숨겨진 퍼즐 메시지를 보냈어요. 수진이가 남긴 힌트를 참고하여 나머지 암호를 찾아 메시지의 빈칸을 완성해보세요.

Yesterday, I went to the BAKERY in my town.
I wanted brown bread.
But the baker gave me white bread.
It was his mistake.
I was very upset.
The baker ruined my breakfast.
I don't like bread made without butter.
-너의 친구 수진-

어제, 나는 나의 동네에 빵집에 갔어.
나는 갈색 빵을 원했어.
하지만 제빵사는 나에게 흰 빵을 줬어.
그것은 그의 실수였어.
나는 매우 마음이 상했어.
제빵사가 나의 아침 식사를 망쳤어.
나는 버터 없이 만들어진 빵을 좋아하지 않아.

Chapter 2 Bread 59

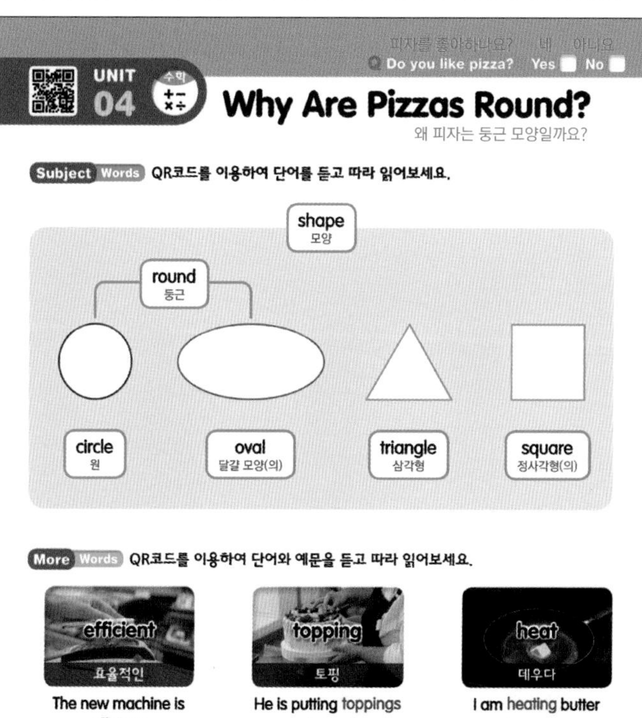

피자를 좋아하나요? 네 아니오
Q Do you like pizza? Yes No

UNIT 04 수학

Why Are Pizzas Round?

왜 피자는 둥근 모양일까요?

Subject Words QR코드를 이용하여 단어를 듣고 따라 읽어보세요.

More Words QR코드를 이용하여 단어와 예문을 듣고 따라 읽어보세요.

efficient 효율적인
The new machine is efficient.
새 기계는 효율적입니다.

topping 토핑
He is putting toppings on the cake.
그는 케이크 위에 토핑을 올리고 있습니다.

heat 데우다
I am heating butter in a pan.
나는 팬에 버터를 데우는 중입니다.

evenly 고르게
I spread jam on the bread evenly.
나는 빵에 잼을 고르게 발랐습니다.

cut ~ into ... ~을 …로 자르다
We cut the cake into ten pieces.
우리는 케이크를 열 조각으로 잘랐습니다.

equal 같은
They have an equal number of apples.
그들은 같은 수의 사과를 가지고 있습니다.

60

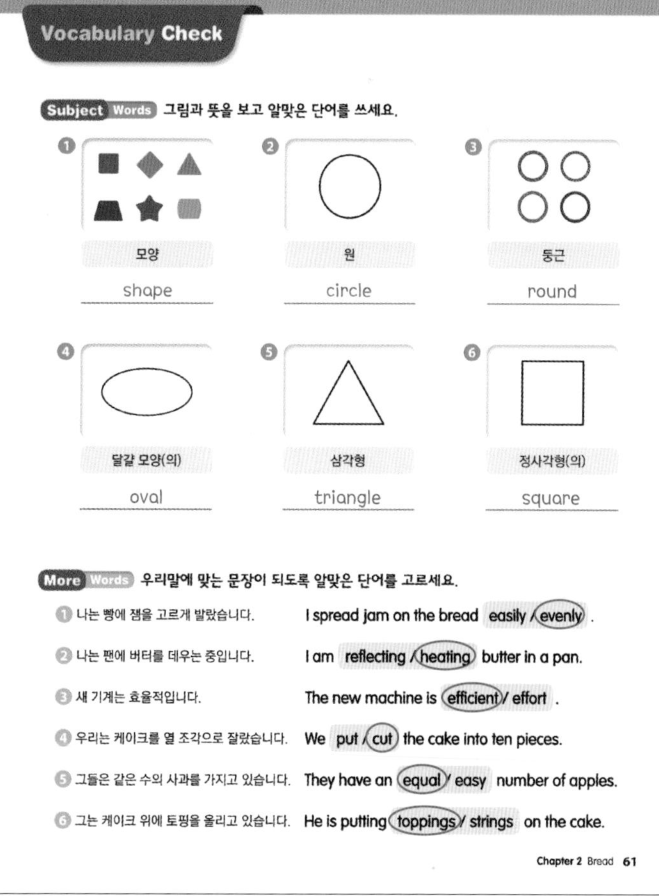

Vocabulary Check

Subject Words 그림과 뜻을 보고 알맞은 단어를 쓰세요.

① 모양 shape
② 원 circle
③ 둥근 round
④ 달걀 모양(의) oval
⑤ 삼각형 triangle
⑥ 정사각형(의) square

More Words 우리말에 맞는 문장이 되도록 알맞은 단어를 고르세요.

① 나는 빵에 잼을 고르게 발랐습니다. I spread jam on the bread easily / evenly. (evenly)
② 나는 팬에 버터를 데우는 중입니다. I am reflecting / heating butter in a pan. (heating)
③ 새 기계는 효율적입니다. The new machine is efficient / effort. (efficient)
④ 우리는 케이크를 열 조각으로 잘랐습니다. We put / cut the cake into ten pieces. (cut)
⑤ 그들은 같은 수의 사과를 가지고 있습니다. They have an equal / easy number of apples. (equal)
⑥ 그는 케이크 위에 토핑을 올리고 있습니다. He is putting toppings / strings on the cake. (toppings)

Chapter 2 Bread 61

지문을 듣고 따라 읽어보세요.

Why Are Pizzas Round?

왜 피자는 둥근 모양일까요?

Hi, I'm Bob. I make pizzas.

I made round, oval, and square pizzas.

But now I only make round ones.

Do you know why? Because circles are efficient!

안녕하세요, 나는 Bob이에요. 나는 피자를 만듭니다.
나는 둥근, 달걀 모양의, 그리고 정사각형의 피자를 만들었습니다.
하지만 지금 나는 오직 둥근 것만 만듭니다.
그 이유를 아시나요? 왜냐하면 원이 효율적이기 때문입니다!

Key Grammar 주어로 쓰이는 동명사

Just spinning dough in the air makes it round.
반죽을 단지 공중에서 돌리는 것은 그것을 둥글게 만듭니다.

동사원형 뒤에 ing를 붙여서 만든 동명사는 명사처럼 주어로 쓰일 수 있어요. 동명사 주어는 '~하기', '~하는 것'이라고 해석하고 단수로 취급합니다.

Watching TV is fun. TV 보기는 재미있습니다.
Eating candy at night is not good. 밤에 사탕을 먹는 것은 좋지 않습니다.

첫째로, 나는 둥근 반죽에 더 많은 토핑을 놓을 수 있습니다.
줄 하나로 원을 만들어 봅시다.
그리고 그 줄로 삼각형과 정사각형을 만들어 봅시다.
보이나요? 원이 가장 넓은 면적을 가지고 있습니다.

First, I can put more toppings on round dough.

Let's make a circle with a string.

And Let's make a triangle and square with the string.

See? The circle has the largest area.

Second, I can make round pizzas more easily.
둘째로, 나는 둥근 피자를 더 쉽게 만들 수 있습니다.

Just spinning dough in the air makes it round.
반죽을 단지 공중에서 돌리는 것은 그것을 둥글게 만듭니다.

Making other shapes takes more time.
다른 모양을 만드는 것은 더 많은 시간이 걸립니다.

I can also heat the round pizza evenly.

And I can cut it into equal pieces too.

나는 또한 둥근 피자를 고르게 데울 수 있습니다.
그리고 나는 또한 그것을 같은 조각들로 자를 수 있습니다.

원 모양의 피자, 대칭이라 똑같이 나누기 편해요!

친구들과 피자 한 판을 똑같은 크기로 쉽게 조각 내 먹을 수 있는 건 바로 피자가 원 모양이기 때문이에요. 원은 한 점이나 한 직선, 한 면을 중심으로 양쪽의 크기랑 모양이 똑같은 대칭도형이에요. 따라서 원 모양의 피자 중간에 어떤 선을 그어 자르면, 그 선을 중심으로 크기와 모양이 같은 조각이 생긴답니다. 그래서 우리는 쉽게 피자를 나눌 수 있어요!

Comprehension Check

1 다음 질문의 답으로 가장 적절한 것을 골라 보세요.

ⓐ 이 글의 주제는 무엇인가요?
① how to make pizza with strings 줄로 피자를 만드는 방법
② different kinds of toppings on pizza 피자 위의 다양한 종류의 토핑들
③ ✓ circles as an efficient shape for pizza 피자의 효율적인 모양으로서의 원

ⓑ 같은 길이의 줄로 도형을 만들 때, 가장 면적이 넓은 도형은 무엇인가요?
① ✓ a circle 원 ② a triangle 삼각형 ③ a square 정사각형

ⓒ 둥근 피자에 관한 설명으로 알맞지 않은 것은 무엇인가요?
① We can heat it evenly. 우리는 그것을 고르게 데울 수 있습니다.
② We can cut it into equal pieces. 우리는 그것을 같은 조각들로 자를 수 있습니다.
③ ✓ We cannot put more toppings on it. 우리는 그것 위에 더 많은 토핑을 놓을 수 없습니다.

2 다음 문장을 읽고 맞으면 T, 틀리면 F에 표시하세요.

① Spinning dough in the air makes it triangular. T (F)
공중에서 반죽을 돌리는 것은 그것을 삼각형으로 만듭니다.
② Making round dough takes more time than making square dough. T (F)
둥근 반죽을 만드는 것은 정사각형 반죽을 만드는 것보다 더 많은 시간이 걸립니다.
③ Bob can cut round pizza into equal pieces. (T) F
Bob은 둥근 피자를 같은 조각들로 자를 수 있습니다.

3 다음 질문에 알맞은 답이 되도록 빈칸에 들어갈 말을 본문에서 찾아 써보세요.

왜 Bob은 오직 둥근 피자만 만드나요?
Q Why does Bob only make round pizzas?
A It's because circles are efficient.
왜냐하면 원이 효율적이기 때문입니다.

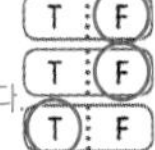

Brain Power

QR 찍고 힌트 보기

흥미로운 미션을 풀고 코딩을 위한 사고력도 길러보세요!

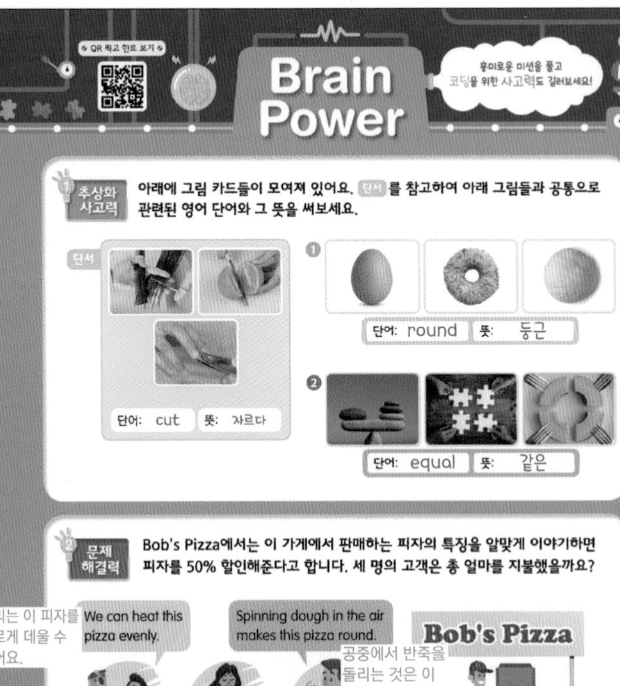

1 추상화 사고력 아래에 그림 카드들이 모여져 있어요. 단서를 참고하여 아래 그림들과 공통으로 관련된 영어 단어와 그 뜻을 써보세요.

단서 — 단어: cut 뜻: 자르다

① 단어: round 뜻: 둥근

② 단어: equal 뜻: 같은

2 문제 해결력 Bob's Pizza에서는 이 가게에서 판매하는 피자의 특징을 알맞게 이야기하면 피자를 50% 할인해준다고 합니다. 세 명의 고객은 총 얼마를 지불했을까요?

We can heat this pizza evenly.
우리는 이 피자를 고르게 데울 수 있어요.
Spinning dough in the air makes this pizza round.
공중에서 반죽을 돌리는 것은 이 피자를 둥글게 만들어요.
Bob's Pizza
Making this pizza takes more time than triangular pizza.
이 피자를 만드는 것은 삼각형 피자를 만드는 것보다 더 많은 시간이 걸려요.
10,000 won
Total: 20,000 won

Wrap UP!

Unit 01 다음은 빵을 만드는 과정에 관한 설명입니다. 주어진 문장 뒤에 올 문장들을 순서에 맞게 번호를 적어보세요.

Make bread dough with flour and water. 밀가루와 물로 빵 반죽을 만드세요.

4 The bread feels soft. 빵이 부드럽게 느껴집니다.

2 Yeast makes gas bubbles in the dough. 이스트는 반죽 안에서 기체 거품을 만듭니다.

1 Add yeast. 이스트를 넣으세요.

3 The bubbles become the empty space in bread. 거품들이 빵 속의 비어 있는 공간이 됩니다.

기억이 안 난다면? 42쪽으로 이동하세요.

Unit 02 다음 중 각 빵 친구들이 할 법한 말을 찾아 알맞게 연결해보세요.

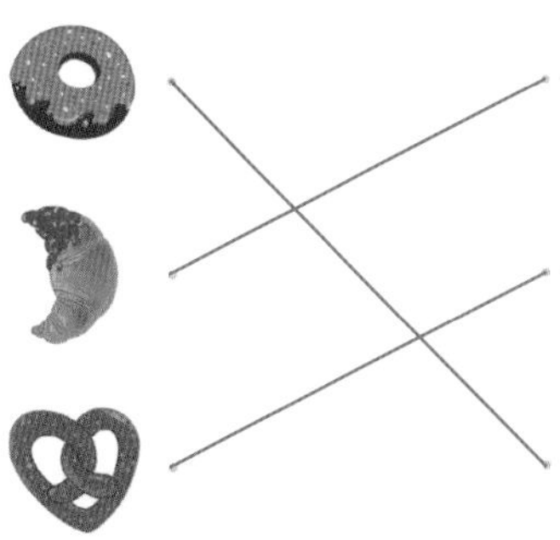

1, 2, 3

I am a pastry. 나는 파이입니다.
I'm crispy on the outside. 나는 겉이 바삭바삭합니다.
I'm soft on the inside! 나는 안쪽은 부드럽습니다!

I am baked bread. 나는 구운 빵입니다.
I'm made soft or hard. 나는 부드럽거나 딱딱하게 만들어집니다.
I taste good with salt. 나는 소금과 함께 좋은 맛이 납니다.

I am fried bread. 나는 튀긴 빵입니다.
I have a lot of sugar. 나는 많은 설탕이 있습니다.
I taste sweet! 나는 맛이 달콤합니다!

기억이 안 난다면? 48쪽으로 이동하세요.

Unit 03 사다리를 타고 내려와 단어를 완성한 후, 알맞은 뜻 옆에 그 단어를 써보세요.

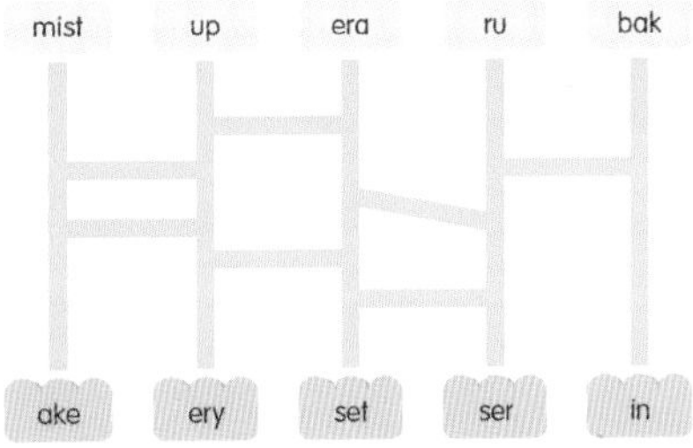

mist up era ru bak

ake ery set ser in

1 빵집 bakery
2 지우개 eraser
3 마음이 상한 upset
4 실수 mistake
5 망치다 ruin

기억이 안 난다면? 54쪽으로 이동하세요.

Unit 04 보기에서 알맞은 말을 골라 빈칸을 완성해보세요.

보기 evenly equal toppings cut

I make round pizzas, because I can ... 나는 둥근 피자를 만듭니다, 왜냐하면 나는 …

1 put more toppings on round dough
둥근 반죽 위에 더 많은 토핑을 놓을 수 있습니다.

2 make round dough more easily by spinning it
그것을 돌림으로써 더 쉽게 둥근 피자를 만들 수 있습니다.

3 heat round pizza evenly
둥근 피자를 고르게 데울 수 있습니다.

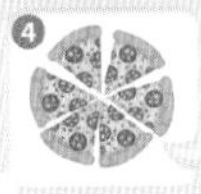

4 cut round pizza into equal pieces
둥근 피자를 같은 조각들로 자를 수 있습니다.

쉬어가기

물음표에 들어갈 알맞은 것을 골라보세요.

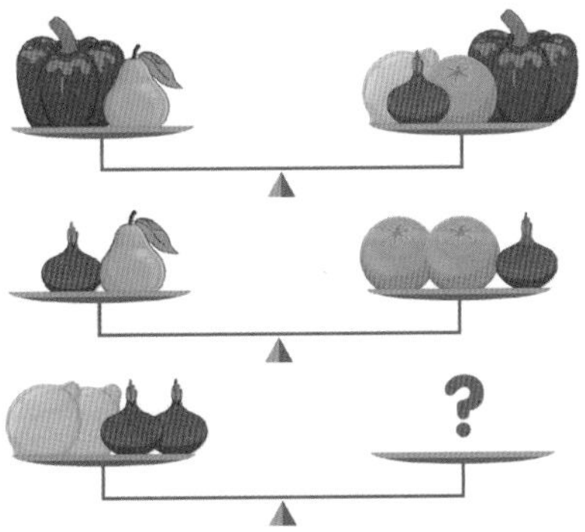

?

A B C D

?

A B C D

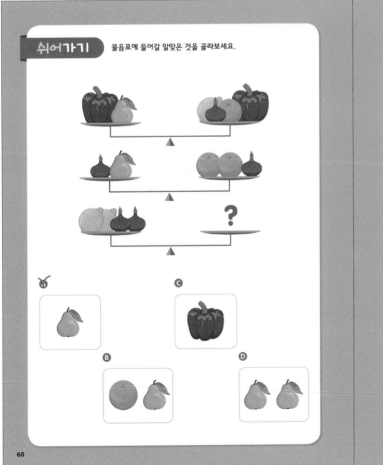

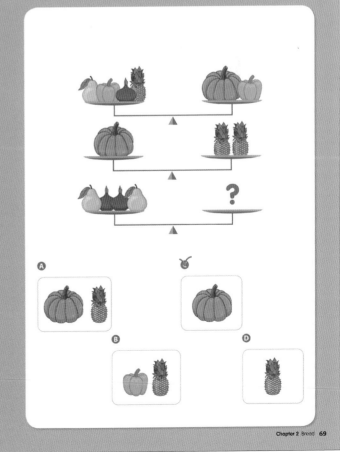

금과 구리의 차이점은 무엇인가요?
Q What is the difference between gold and copper?

UNIT 01 과학

Gold and Copper
금과 구리

Subject Words QR코드를 이용하여 단어를 듣고 따라 읽어보세요.

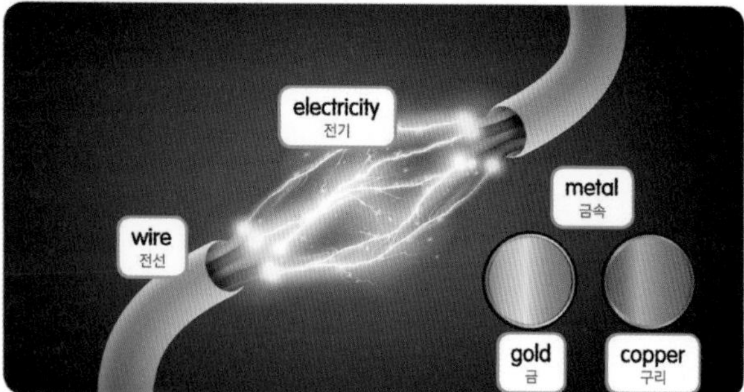

More Words QR코드를 이용하여 단어와 예문을 듣고 따라 읽어보세요.

We watch movies at home.
우리는 집에서 영화를 봅니다.

I play games on my computer.
나는 내 컴퓨터로 게임을 합니다.

flow
흐르다

The river flows through the forest.
강이 숲을 통해 흐릅니다.

I usually get up at 7.
나는 보통 7시에 일어납니다.

Metal conducts heat well.
금속은 열을 잘 전도합니다.

This car looks expensive.
이 자동차는 비싸 보입니다.

Vocabulary Check

Subject Words 그림과 뜻을 보고 알맞은 단어를 쓰세요.

① 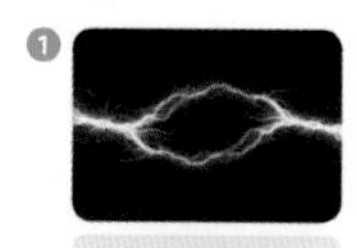
전기
electricity

② 
전선
wire

③ 
금속
metal

④ 
구리
copper

⑤ 
금
gold

More Words 우리말에 맞는 문장이 되도록 알맞은 단어를 고르세요.

① 나는 보통 7시에 일어납니다. I (usually / evenly) get up at 7.
② 이 자동차는 비싸 보입니다. This car looks (cheap / expensive).
③ 우리는 집에서 영화를 봅니다. We (watch / match) movies at home.
④ 금속은 열을 잘 전도합니다. Metal (connects / conducts) heat well.
⑤ 나는 내 컴퓨터로 게임을 합니다. I play games on my (computer / generator).
⑥ 강이 숲을 통해 흐릅니다. The river (flows / reflects) through the forest.

지문을 듣고 따라 읽어보세요.

Gold and Copper 금과 구리

You can watch TV.
You can play games on your computer.
It's all thanks to electricity.

당신은 TV를 볼 수 있습니다.
당신은 당신의 컴퓨터로 게임을 할 수 있습니다.
그것은 모두 전기 덕분입니다.

How do we get electricity?
Wires carry it to our house.
Electricity easily flows through most metals.
So the wires are made of metal.
Then what metals do we use?

우리는 어떻게 전기를 얻나요?
전선이 우리의 집으로 그것을 운반합니다.
전기는 대부분의 금속을 통해 쉽게 흐릅니다.
그래서 전선은 금속으로 만들어집니다.
그러면 우리는 무슨 금속을 쓸까요?

구리는 금속의 한 종류입니다.
우리는 보통 전선으로 구리를 사용합니다.
그것은 전기를 잘 전도합니다.
그것은 값이 쌉니다. 그리고 그것은 흔합니다.

Copper is a kind of metal.
We usually use copper for wires.
It conducts electricity well.
It is cheap. And it is common.

Gold is a kind of metal too.
It also conducts electricity well.
But we don't usually use gold for wires.
It is much more expensive than copper.
And it is much rarer than copper.

금도 금속의 한 종류입니다.
그것도 전기를 잘 전도합니다.
하지만 우리는 보통 전선으로 금을 사용하지 않습니다.
그것은 구리보다 훨씬 더 비쌉니다.
그리고 그것은 구리보다 훨씬 더 희귀합니다.

Key Grammar much+비교 표현

Gold is much more expensive than copper. 금은 구리보다 훨씬 더 비쌉니다.

비교 표현 앞에 'much'를 쓰면 '훨씬 더 ~한'이라는 의미로 비교 표현을 강조할 수 있어요. much 대신에 even, far 등으로 바꿔쓸 수 있습니다.

My bag is much bigger than yours. 내 가방이 당신의 가방보다 훨씬 더 큽니다.
For me, Chinese is even more difficult than Japanese. 나에게 중국어가 일본어보다 훨씬 더 어렵습니다.

전기가 가장 잘 통하는 금속은?

찌릿찌릿, 전기가 가장 잘 통하는 금속은 무엇일까요? 바로 은이에요! 하지만 전선을 만들 때는 은이 아닌 구리를 주로 사용해요. 왜일까요? 구리가 은보다 구하기 쉽고 값이 싸기 때문이랍니다. 은은 금과 마찬가지로 귀금속으로 여겨져 보통 보석을 만드는 데 사용돼요. 대신, 매우 정교한 기계장치에는 은을 사용하기도 한답니다.

Comprehension Check

1 다음 질문의 답으로 가장 적절한 것을 골라 보세요.

ⓐ 이 글의 주제는 무엇인가요?
1. how we get electricity 우리가 전기를 얻는 방법
2. why we use gold for wires 우리가 전선으로 금을 사용하는 이유
3. ✓ two different kinds of metals 두 가지 다른 종류의 금속

ⓑ 전선으로 보통 구리를 쓰는 이유는 무엇인가요?
1. because it's rare 그것이 희귀하기 때문에
2. ✓ because it's common 그것이 흔하기 때문에
3. because it's expensive 그것이 비싸기 때문에

ⓒ 금에 관한 설명으로 알맞지 않은 것은 무엇인가요?
1. It is a kind of metal. 그것은 금속의 한 종류입니다.
2. It is much rarer than copper. 그것은 구리보다 훨씬 더 희귀합니다.
3. ✓ It doesn't conduct electricity well. 그것은 전기를 잘 전도하지 않습니다.

2 다음 문장을 읽고 맞으면 T, 틀리면 F에 표시하세요.

1. Electricity flows through most metals. 전기는 대부분의 금속을 통해 흐릅니다. (T) F
2. Copper is much cheaper than gold. 구리는 금보다 훨씬 값이 쌉니다. (T) F
3. Gold is very expensive but common. 금은 매우 비싸지만 흔합니다. T (F)

3 다음 질문에 알맞은 답이 되도록 빈칸에 들어갈 말을 본문에서 찾아 써보세요.

Q Why don't we usually use gold for wires? 왜 우리는 보통 전선으로 금을 사용하지 않나요?
A It's because gold is much rarer and more expensive than copper. 왜냐하면 금은 구리보다 훨씬 더 희귀하고 비싸기 때문입니다.

Brain Power

QR 찍고 힌트 보기

흥미로운 미션을 풀고 코딩을 위한 사고력도 길러보세요!

문제해결력 주어진 단서를 따라 교차로를 통과하면 보석이 들어있는 상자를 손에 넣을 수 있습니다. 보석 상자를 찾아봅시다.

단서
- gold와 관련된 단어: ↓
- copper와 관련된 단어: →
- 둘 다 관련된 단어: ↑

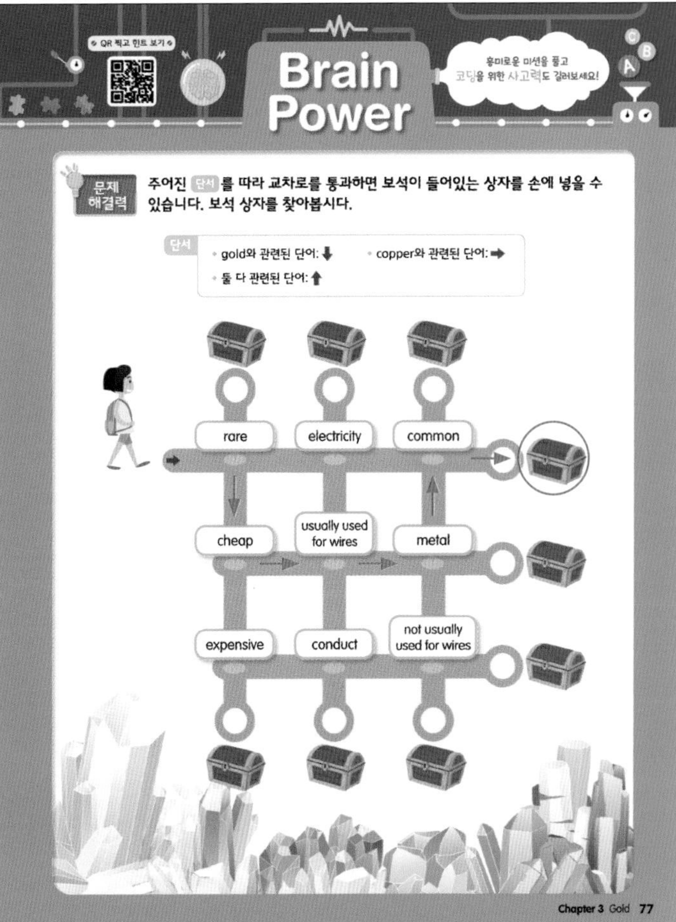

UNIT 02 사회

Finding a Solution with Gold
금으로 해결책을 찾기

Subject Words QR코드를 이용하여 단어를 듣고 따라 읽어보세요.

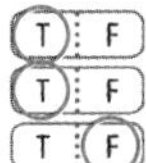

More Words QR코드를 이용하여 단어와 예문을 듣고 따라 읽어보세요.

The boy has difficulty in math.
소년이 수학에 어려움을 느낍니다.

He found the solution.
그는 해결책을 찾았습니다.

The man is selling jewelry.
남자는 보석류를 팔고 있습니다.

James is a soccer player.
James는 축구 선수입니다.

The winner gets a gold medal.
우승자는 금메달을 받습니다.

He wants to overcome the problem.
그는 문제를 극복하고 싶어합니다.

Vocabulary Check

Subject Words 그림과 뜻을 보고 알맞은 단어를 쓰세요.

1.  경제의 economic
2.  사다 buy
3.  팔다 sell

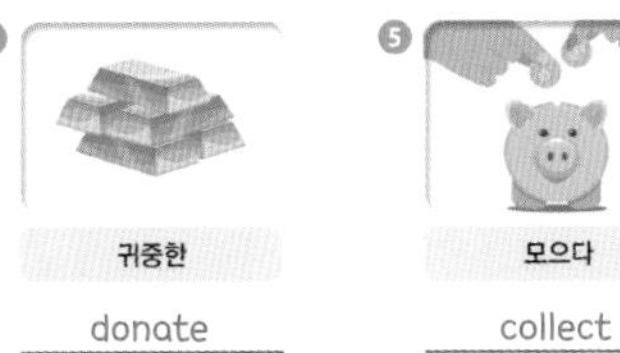

4. 귀중한 donate
5. 모으다 collect

More Words 우리말에 맞는 문장이 되도록 알맞은 단어를 고르세요.

1. 남자는 보석류를 팔고 있습니다. The man is selling pastry / (jewelry).
2. 그는 해결책을 찾았습니다. He found the (solution) / emotion.
3. James는 축구 선수입니다. James is a soccer fan / (player).
4. 우승자는 금메달을 받습니다. The winner gets a gold (medal) / ring.
5. 그는 문제를 극복하고 싶어합니다. He wants to discover / (overcome) the problem.
6. 소년이 수학에 어려움을 느낍니다. The boy has density / (difficulty) in math.

Finding a Solution with Gold 금으로 해결책을 찾기

One day, Juho saw a picture of his parents.
어느 날, Juho는 그의 부모님의 사진을 봤습니다.
They were wearing gold rings in the picture.
그들은 사진에서 금 반지를 끼고 있었습니다.
But they didn't wear those rings anymore.
하지만 그들은 더 이상 그 반지를 끼지 않았습니다.

Mom, where are those rings? 엄마, 저 반지들은 어디에 있어요?

Oh, we don't have those rings anymore. We sold them.
아, 우리는 그 반지들을 더 이상 가지고 있지 않단다. 우리는 그것들을 팔았어.

Why did you sell them? 왜 그것들을 팔았어요?

In 1997, Korea had economic difficulty.
We thought gold could be a solution.
1997년에, 한국은 경제적인 어려움을 겪었단다.
우리는 금이 해결책이 될 수 있을 거라고 생각했어.

Key Grammar to 부정사

We collected gold to sell it to other countries. 우리는 다른 나라에 팔기 위해 금을 모았습니다.

'~하기 위해'는 영어로 동사원형 앞에 to를 써서 표현할 수 있어요. 우리는 이런 'to+동사원형'을 to 부정사라고 부릅니다.

예 I will go to the bookstore to buy a book. 나는 책을 사기 위해 서점에 갈 것입니다.
Helen studied hard to become a doctor. Helen은 의사가 되기 위해 열심히 공부했습니다.

How could gold be a solution? 어떻게 금이 해결책이 될 수 있었나요?

Gold is precious around the world.
Many countries buy and sell gold.
So we collected gold to sell it to other countries.
금은 전 세계에서 귀중하단다. 많은 나라들이 금을 사고 팔아. 그래서 우리는 금을 모아서 그것을 다른 나라에 팔았어.

We sold our jewelry. 우리는 우리의 보석류를 팔았어.

Some sports players sold their gold medals. 어떤 운동 선수들은 그들의 금메달을 팔았어.

That is amazing! 그건 정말 놀라워요!

Yes, it was. 맞아, 그랬지.

We made an effort together to overcome our country's difficulty.
우리는 우리나라의 어려움을 극복하기 위해 함께 노력했단다.

모두가 힘을 모아 경제 위기를 극복하다!

1997년, 우리나라는 기업들이 외국에서 빌린 돈을 갚지 못해 파산할 위기에 처했어요. 결국 정부는 국제통화기금(IMF)에서 돈을 빌려야만 했죠. 당시 많은 기업들은 문을 닫았고, 사람들은 일자리를 잃었어요. 이런 어려움을 극복하기 위해 국민들은 쓰지 않는 금을 모아 파는 '금 모으기 운동'을 시작했습니다. 금 모으기 운동은 오늘까지도 국민들의 자발적인 희생정신의 대표적인 사례로 손꼽힌답니다.

Comprehension Check

1 다음 질문의 답으로 가장 적절한 것을 골라 보세요.

ⓐ 이 글의 주제는 무엇인가요?
① why sports players sold gold 운동 선수들이 금을 팔았던 이유
② how countries buy and sell gold 나라들이 금을 사고 파는 방법
✔③ how people overcame difficulty with gold 사람들이 금으로 어려움을 극복했던 방법

ⓑ 다음 중 Juho의 엄마가 기부한 것은 무엇인가요?
① picture 사진 ✔② ring 반지 ③ medal 메달

ⓒ 금 모으기 운동에 관한 설명으로 알맞지 않은 것은 무엇인가요?
✔① People collected gold to help other countries.
사람들은 다른 나라들을 돕기 위해 금을 모았습니다.
② Some people sold their jewelry.
어떤 사람들은 그들의 보석류를 팔았습니다.
③ Some sports players sold their gold medals.
어떤 운동 선수들은 그들의 금메달을 팔았습니다.

2 다음 문장을 읽고 맞으면 T, 틀리면 F에 표시하세요.

① Juho's parents sold their gold medals.
Juho의 부모님은 그들의 금메달을 팔았습니다.
② In 1997, there was economic difficulty in Korea.
1997년에, 한국에는 경제적 어려움이 있었습니다.
③ Gold is precious around the world.
금은 전 세계에서 귀중합니다.

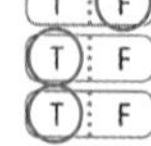

3 다음 질문에 알맞은 답이 되도록 빈칸에 들어갈 말을 본문에서 찾아 써보세요.

한국 사람들은 어떻게 1997년의 경제적 어려움을 극복했나요?
Q How did Korean people overcome economic difficulty in 1997?
A They collected gold to sell it to other countries.
그들은 다른 나라들에 팔기 위해 금을 모았습니다.

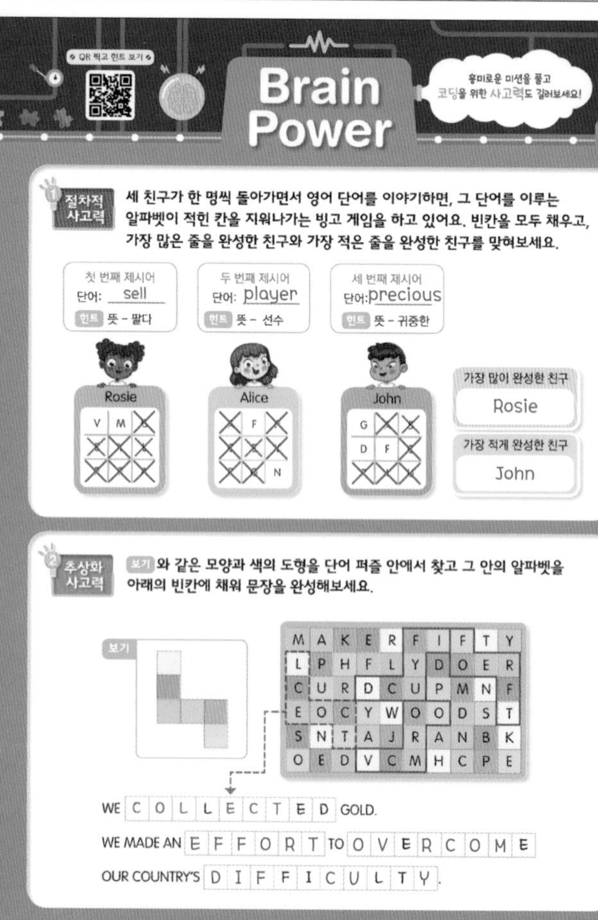

QR 찍고 힌트 보기
Brain Power
흥미로운 미션을 풀고 코딩을 위한 사고력도 길러보세요!
절차적 사고력
세 친구가 한 명씩 돌아가면서 영어 단어를 이야기하면, 그 단어를 이루는 알파벳이 적힌 칸을 지워나가는 빙고 게임을 하고 있어요. 빈칸을 모두 채우고, 가장 많은 줄을 완성한 친구와 가장 적은 줄을 완성한 친구를 맞혀보세요.
첫 번째 제시어 단어: sell 힌트 뜻 - 팔다
두 번째 제시어 단어: player 힌트 뜻 - 선수
세 번째 제시어 단어: precious 힌트 뜻 - 귀중한
Rosie
Alice
John
가장 많이 완성한 친구 Rosie
가장 적게 완성한 친구 John
추상화 사고력
보기와 같은 모양과 색의 도형을 단어 퍼즐 안에서 찾고 그 안의 알파벳을 아래의 빈칸에 채워 문장을 완성해보세요.
보기
WE COLLECTED GOLD.
WE MADE AN EFFORT TO OVERCOME
OUR COUNTRY'S DIFFICULTY.

금색을 가지고 무엇을 그리고 싶나요?
Q What do you want to paint with the color gold?

UNIT 03 미술 Klimt's Golden Paintings

클림트의 금빛 그림들

Subject Words QR코드를 이용하여 단어를 듣고 따라 읽어보세요.

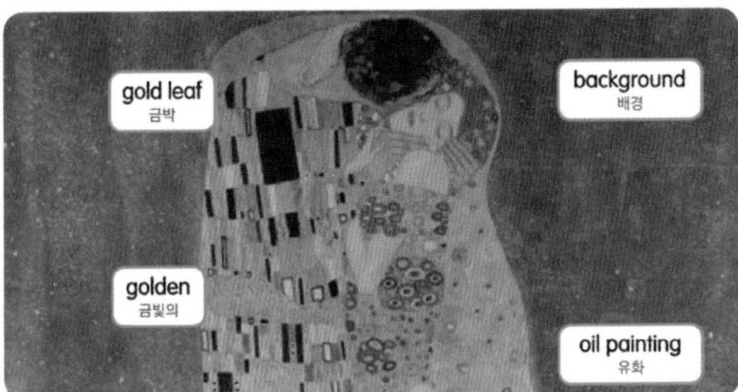

More Words QR코드를 이용하여 단어와 예문을 듣고 따라 읽어보세요.

The couple is walking in a field.
두 사람이 들판을 걷고 있습니다.

The boy is hugging his dog.
소년이 그의 개를 껴안고 있습니다.

kiss
입을 맞추다

The mother is kissing her baby.
엄마가 그녀의 아기에게 입을 맞추고 있습니다.

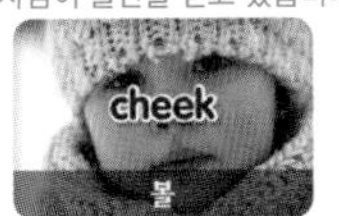

Her cheeks are red.
그녀의 볼은 붉습니다.

My father is a gold engraver.
나의 아버지는 금 조각사입니다.

He can handle the tool well.
그는 도구를 잘 다룰 수 있습니다.

Vocabulary Check

Subject Words 그림과 뜻을 보고 알맞은 단어를 쓰세요.

1 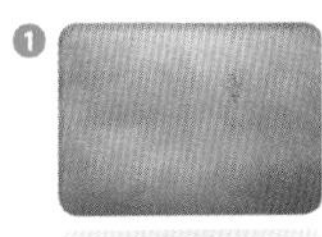
금빛의
golden

2  
금박
gold leaf

3 
배경
background

4 
유화
oil painting

More Words 우리말에 맞는 문장이 되도록 알맞은 단어를 고르세요.

1 그녀의 볼은 붉습니다. Her (cheeks) / eyes are red.
2 나의 아버지는 금 조각사입니다. My father is a gold miner / (engraver).
3 소년이 그의 개를 껴안고 있습니다. The boy is carrying / (hugging) his dog.
4 두 사람이 들판을 걷고 있습니다. The (couple) / purple is walking in a field.
5 그는 도구를 잘 다룰 수 있습니다. He can (handle) / conduct the tool well.
6 엄마가 그녀의 아기에게 입을 맞추고 있습니다. The mother is (kissing) / watching her baby.

Klimt's Golden Paintings 클림트의 금빛 그림들

구스타프 클림트 <생명의 나무>

이 그림을 보세요.
두 사람이 있습니다.
남자가 여자를 껴안고 있습니다.

Look at this painting.
There is a couple.
The man is hugging the woman.
He is kissing her on the cheek.
They are both wearing golden clothes.
The background of the painting is golden too.

구스타프 클림트 <연인(키스)>

그는 그녀의 볼에 입을 맞추고 있습니다.
그들은 모두 금빛의 옷을 입고 있습니다.
그림의 배경은 또한 금빛입니다.

Key Grammar be famous for ~

Klimt is famous for using gold in his paintings.
클림트는 그의 그림에 금을 사용하는 것으로 유명합니다.

'be famous for ~'는 '~로 유명합니다'라는 의미로, for 뒤에는 명사(구)나 동명사를 씁니다.

The island is famous for nice beaches. 그 섬은 멋진 해변으로 유명합니다.
She is famous for writing children's books. 그녀는 어린이 책을 쓴 것으로 유명합니다.

그것은 구스타프 클림트에 의해 그려졌습니다.
그것은 금이 들어간 유화입니다.
그것은 그의 가장 유명한 작품입니다.
그는 그의 그림에 금을 사용하는 것으로 유명합니다.

It was painted by Gustav Klimt. (구스타프 클림트)
It is an oil painting with gold.
It is his most popular work.
He is famous for using gold in his paintings.

구스타프 클림트
<아델레 블로흐-바우어의 초상>

Klimt's father was a gold engraver.
Klimt learned how to handle gold.
So he used gold leaf in his paintings.
He used gold paint too.

클림트의 아버지는 금 조각사였습니다.
클림트는 금을 다루는 방법을 배웠습니다.
그래서 그는 그의 그림에 금박을 사용했습니다.
그는 금색 물감 또한 사용했습니다.

Klimt is famous for painting many women.
He often used gold in these paintings.
They are very colorful and beautiful!

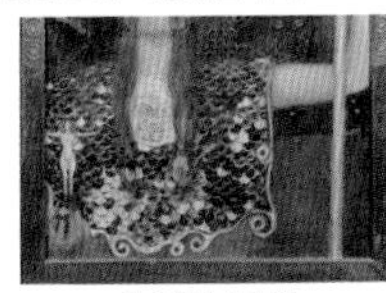
구스타프 클림트
<팔라스 아테나>

클림트는 많은 여성들을 그린 것으로 유명합니다.
그는 종종 그 그림들에 금을 사용했습니다.
그것들은 모두 다채롭고 아름답습니다!

베일에 싸인 화가, 구스타프 클림트(Gustav Klimt)

클림트는 자기 자신을 드러내는 것을 어려워했어요. 그래서 자신의 사생활은 물론, 자신에 관한 글이나 자화상도 한 점 남기지 않았답니다. 그는 다음과 같은 말을 했어요. "나는 결코 자화상을 그린 적이 없습니다. 나 자신이 그림의 소재로는 그다지 흥미를 끌지 않기 때문입니다. 그보다는 다른 사람들, 특히 여성들이 내 관심을 끕니다." 클림트는 정말 비밀스러운 화가였죠?

Comprehension Check

1 다음 질문의 답으로 가장 적절한 것을 고라 보세요.

ⓐ 이 글의 주제는 무엇인가요?

① gold as a painting tool 그리기 도구로서의 금
② a painter's golden paintings 한 화가의 금빛 그림들 (✓)
③ the most popular painting of a couple 가장 인기 있는 두 사람의 그림

ⓑ 구스타프 클림트(Gustav Klimt)의 <연인(키스)> 작품에서 금색이 아닌 부분은 어디인가요?

① cheek 볼 (✓) ② clothes 옷 ③ background 배경

ⓒ 구스타프 클림트(Gustav Klimt)에 관한 설명으로 알맞지 않은 것은 무엇인가요?

① He was a gold engraver. 그는 금 조각사였습니다. (✓)
② He learned how to handle gold. 그는 금을 다루는 방법을 배웠습니다.
③ He used gold paint in his paintings. 그는 그의 그림에 금색 물감을 사용했습니다.

2 다음 문장을 읽고 맞으면 T, 틀리면 F에 표시하세요.

① In one of Klimt's paintings, a woman is kissing a man on the cheek. T / F (F)
클림트의 그림 중 하나에서, 여자가 남자의 볼에 입을 맞추고 있습니다.
② Klimt's paintings are very colorful. T / F (T)
클림트의 그림은 매우 다채롭습니다.
③ Klimt used gold in many paintings of women. T / F (T)
클림트는 많은 여성들의 그림에서 금을 사용했습니다.

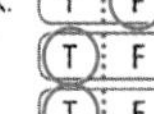

3 다음 질문에 알맞은 답이 되도록 빈칸에 들어갈 말을 본문에서 찾아 써보세요.

Q What is Klimt famous for? 클림트는 무엇으로 유명한가요?
A He is famous for ___using___ gold in his paintings and ___painting___ many women.
그는 그의 그림에서 금을 사용한 것과 많은 여성들을 그린 것으로 유명합니다.

Brain Power

흥미로운 미션을 풀고 코딩을 위한 사고력도 길러보세요!

QR 찍고 힌트 보기

1 절차적 사고력 세 가지 색깔의 색연필로 같은 색끼리 이웃하지 않도록 빈 곳을 색칠하세요. 그리고 같은 색 칸에 쓰여 있는 알파벳을 모아 단어를 만들고 그 뜻도 함께 써보세요.

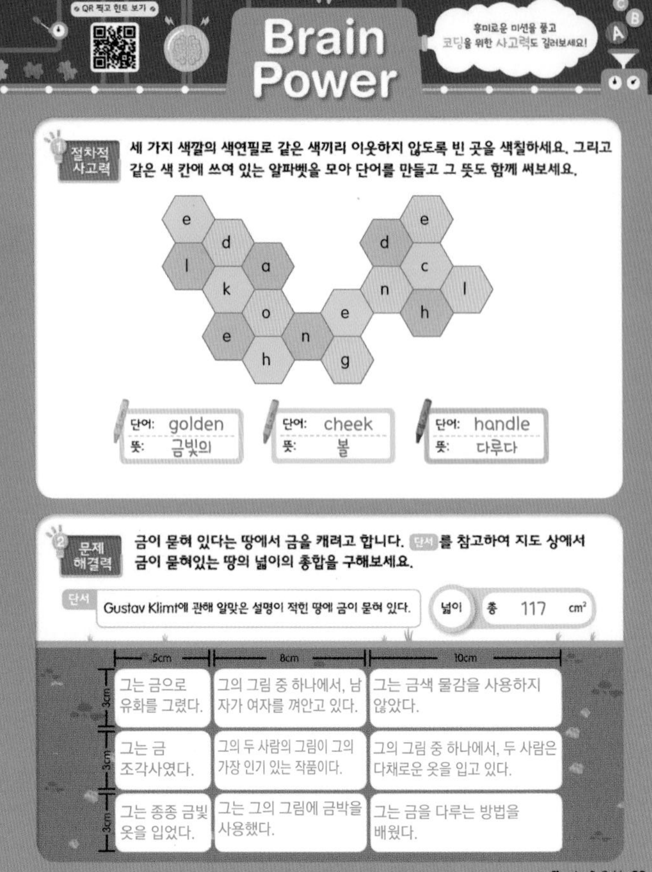

2 문제 해결력 금이 묻혀 있다는 땅에서 금을 캐려고 합니다. 단서를 참고하여 지도 상에서 금이 묻혀있는 땅의 넓이의 총합을 구해보세요.

단서: Gustav Klimt에 관해 알맞은 설명이 적힌 땅에 금이 묻혀 있다.

넓이: 총 117 cm²

	5cm	8cm	10cm
3cm	그는 금으로 유화를 그렸다.	그의 그림 중 하나에서, 남자가 여자를 껴안고 있다.	그는 금색 물감을 사용하지 않았다.
3cm	그는 금 조각사였다.	그의 두 사람의 그림이 그의 가장 인기 있는 작품이다.	그의 그림 중 하나에서, 두 사람은 다채로운 옷을 입고 있다.
3cm	그는 종종 금빛 옷을 입었다.	그는 그의 그림에 금박을 사용했다.	그는 금을 다루는 방법을 배웠다.

10의 반은 무엇인가요?
Q What is half of 10?

UNIT 04 수학 The King's Gold

왕의 금

Character of the story QR코드를 이용하여 단어를 듣고, 이야기의 등장인물들을 살펴봅시다.

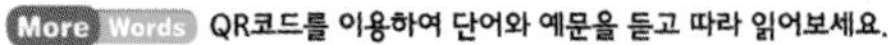

More Words QR코드를 이용하여 단어와 예문을 듣고 따라 읽어보세요.

She decided to eat an apple.
그녀는 사과 하나를 먹기로 결정했습니다.

I want to ask you something.
나는 당신에게 무언가를 묻고 싶습니다.

I ate a quarter of an apple.
나는 사과의 4분의 1을 먹었습니다.

We share pizza.
우리는 피자를 나눕니다.

He ate the rest of the cake.
그는 케이크의 나머지를 먹었습니다.

This car uses the least gas.
이 자동차는 가장 적은 기름을 씁니다.

Vocabulary Check

Character of the story 그림과 뜻을 보고 빈칸에 알맞은 단어를 쓰세요.

More Words 우리말에 맞는 문장이 되도록 알맞은 단어를 고르세요.

① 우리는 피자를 나눕니다. We (share / save) pizza. — share
② 나는 당신에게 무언가를 묻고 싶습니다. I want to (ask / add) you something. — ask
③ 나는 사과의 4분의 1을 먹었습니다. I ate a (half / quarter) of an apple. — quarter
④ 그녀는 사과 하나를 먹기로 결정했습니다. She (decided / detected) to eat an apple. — decided
⑤ 이 자동차는 가장 적은 기름을 씁니다. This car uses the (least / little) gas. — least
⑥ 그는 케이크의 나머지를 먹었습니다. He ate the (result / rest) of the cake. — rest

The King's Gold

왕의 금

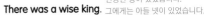

There was a wise king.
He had four sons.
He had 32 kilograms of gold.
He decided to give the gold to his sons.

현명한 왕이 있었습니다.
그에게는 아들 넷이 있었습니다.
그는 32 킬로그램의 금을 가지고 있었습니다.
그는 이 금을 아들들에게 주기로 결정했습니다.

The king asked his sons,
"How much gold do you want?"

왕은 그의 아들들에게 물었습니다.
"너는 얼마의 금을 원하느냐?"

The greedy oldest son wanted half of the gold.
The second-oldest son wanted a quarter of the gold.

욕심 많은 첫째 아들은 금의 절반을 원했습니다.
둘째 아들은 금의 4분의 1을 원했습니다.

Key Grammar How much ~?

How much gold do you want? 너는 얼마의 금을 원하느냐?

금이나 시간, 돈 등의 양을 물을 때는 'How much ~?'를 써서 '얼마의 ~?' 의미로 표현할 수 있어요.

예 How much money do we have? 우리는 얼마의 돈이 있나요?
How much time do you need? 당신은 얼마의 시간이 필요한가요?

그러자 왕의 가장 어린 두 아들들이 말했습니다.
"우리는 금의 나머지를 나누겠습니다."
그래서 그들은 각각 4 킬로그램의 금을 받았습니다.

Then the king's two youngest sons said,
"We will share the rest of the gold."
So they received 4 kilograms of gold each.

Then the king said,
"In fact, I have 32 more kilograms of gold.
I want to give this gold to the one with the least gold."

그러자 왕이 말했습니다.
"사실, 나는 32 킬로그램의 금을 더 가지고 있단다.
나는 이 금을 가장 적은 금을 가진 이에게 주고 싶구나."

So the king gave each of his youngest sons half of this gold.
그래서 왕은 그의 가장 어린 두 아들들에게 각각 절반의 금을 주었어요.

How much gold does each son have?
각 아들은 얼마의 금을 가지고 있을까요?

그래서 네 명의 왕자들은 금을 얼마나 가졌을까?

처음에 왕에게는 금 32kg이 있었어요. 첫째 왕자는 이것의 절반인 16kg을 가졌고, 둘째 왕자는 4분의 1인 8kg의 금을 가졌죠. 셋째 왕자는 남은 8kg의 금을 막내 왕자와 4kg씩 나눠 가졌어요. 그런데 왕에게는 32kg의 금이 더 있었고, 이것을 금이 가장 적은 셋째와 넷째 아들에게 똑같이 나누어 주었어요. 결국 셋째와 막내 왕자는 각각 16kg의 금을 더 받아, 총 금 20kg을 가지게 되었답니다.

Comprehension Check

1 다음 질문의 답으로 가장 적절한 것을 골라 보세요.

ⓐ 다음 중 욕심이 많은 아들은 누구인가요?

✓① the oldest son 첫째 아들 ② the third-oldest son 셋째 아들 ③ the youngest son 막내 아들

ⓑ 왕이 가지고 있던 금의 양은 총 얼마인가요?

① 32 kilograms 32 킬로그램 ② 48 kilograms 48 킬로그램 ✓③ 64 kilograms 64 킬로그램

ⓒ 왕에 관한 설명으로 알맞은 것은 무엇인가요?

✓① He had four sons. 그에게는 아들 넷이 있습니다.
② He had 32 kilograms of gold in total. 그는 총 32 킬로그램의 금을 가지고 있었습니다.
③ He gave his youngest son the least gold. 그는 막내 아들에게 가장 적은 금을 주었다.

2 다음 문장을 읽고 맞으면 T, 틀리면 F에 표시하세요.

① The oldest son received the most gold among the four sons. 첫째 아들은 네 아들 중 가장 많은 금을 받았습니다. T (F)
② The second-oldest son received more gold than the first son. 둘째 아들은 첫째 아들보다 더 많은 금을 받았습니다. T (F)
③ The king's two youngest sons got the same amount of gold. 왕의 가장 어린 두 아들들은 같은 양의 금을 받았습니다. (T) F

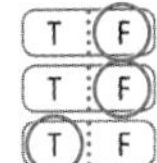

3 다음 질문에 알맞은 답이 되도록 빈칸에 숫자를 써보세요.

Q How much gold does each son have? 각 아들은 얼마의 금을 가지고 있을까요?
A The oldest son has __16__ kg of gold, the second-oldest son has __8__ kg of gold, and the two youngest sons have __20__ kg of gold each.
첫째 아들은 16 킬로그램의 금을 가지고 있고, 둘째 아들은 8 킬로그램의 금을 가지고 있고, 그리고 가장 어린 두 아들들은 각각 20 킬로그램의 금을 가지고 있습니다.

QR 찍고 힌트 보기

Brain Power

흥미로운 미션을 풀고 코딩을 위한 사고력도 길러보세요!

추상화 사고력

표에서 일부 알파벳 위에 마르지 않은 금색 물감이 칠해져 있어요. 빨간 선을 기준으로 접었을 때 물감이 묻는 반대편의 알파벳들을 조합해서 단어를 만들고 그 뜻도 함께 써보세요.

Wrap UP!

Unit 01 아래 각 그림에 대한 알맞은 설명을 모두 골라 빈칸에 번호를 써보세요.

gold	copper
2, 4, 5	1, 3, 6

① It is cheap. ② It is expensive.
③ We usually use it for wires. ④ It is rare.
⑤ We don't usually use it for wires. ⑥ It is common.

① 그것은 쌉니다. ② 그것은 비쌉니다.
③ 우리는 그것을 보통 전선으로 사용합니다. ④ 그것은 희귀합니다.
⑤ 우리는 그것을 보통 전선으로 사용하지 않습니다. ⑥ 그것은 흔합니다.

Unit 02 각 그림에 알맞은 단어 카드와 뜻 카드를 골라 빈칸에 써보세요.

solution 귀중한 팔다 해결책 medal
경제의 sell 메달 precious economic

precious 귀중한	economic 경제의	sell 팔다	solution 해결책	medal 메달

기억이 안 난다면? 78쪽으로 이동하세요.

Unit 03 보기에서 알맞은 말을 골라 구스타프 클림트(Gustav Klimt)의 한 작품을 설명하는 글의 빈칸을 완성해보세요.

보기 gold kissing popular hugging

This is *The Kiss* by Gustav Klimt.
This is an oil painting with gold.
This is his most popular work.
In this painting, a man is hugging
and kissing a woman.

이것은 클림트의 〈키스〉입니다.
이것은 금이 들어간 유화입니다.
이것은 그의 가장 유명한 작품입니다.
이 그림에서, 남자는 여자를 껴안고 입을 맞추고 있습니다.

기억이 안 난다면? 84쪽으로 이동하세요.

Unit 04 각 그림을 나타내는 알맞은 단어에 √표시하고 그 뜻도 써보세요.

1. ☐ divide / √ decide — 뜻: 결정하다
2. ☐ shape / √ share — 뜻: 나누다
3. ☐ square / √ quarter — 뜻: 4분의 1
4. √ ask / ☐ grab — 뜻: 묻다

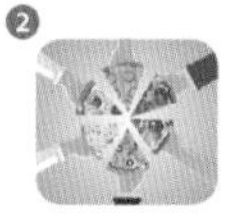

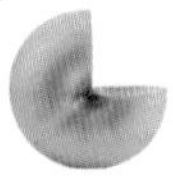

기억이 안 난다면? 90쪽으로 이동하세요.

쉬어가기 숫자가 적힌 동물들이 섞여 있습니다. 특정한 규칙에 따라 나열되도록 동물들을 배열하고, 가장 마지막에 올 수를 구하여 써보세요.

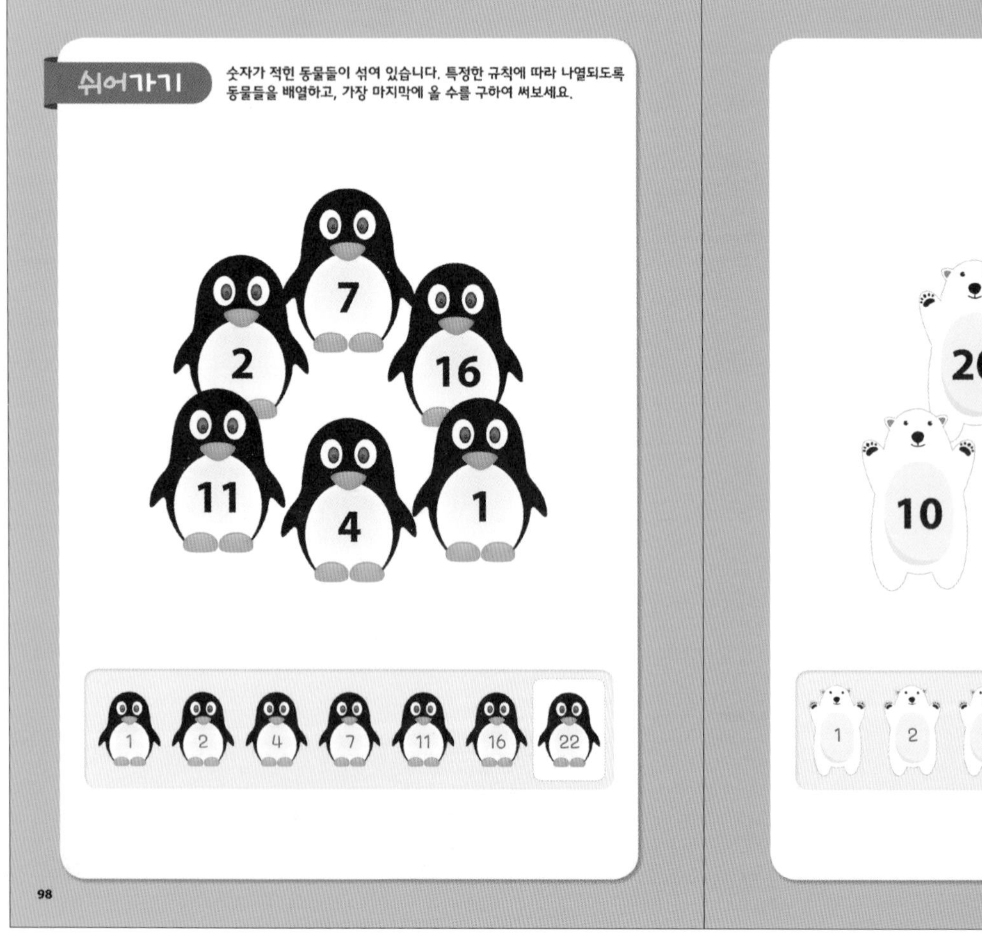

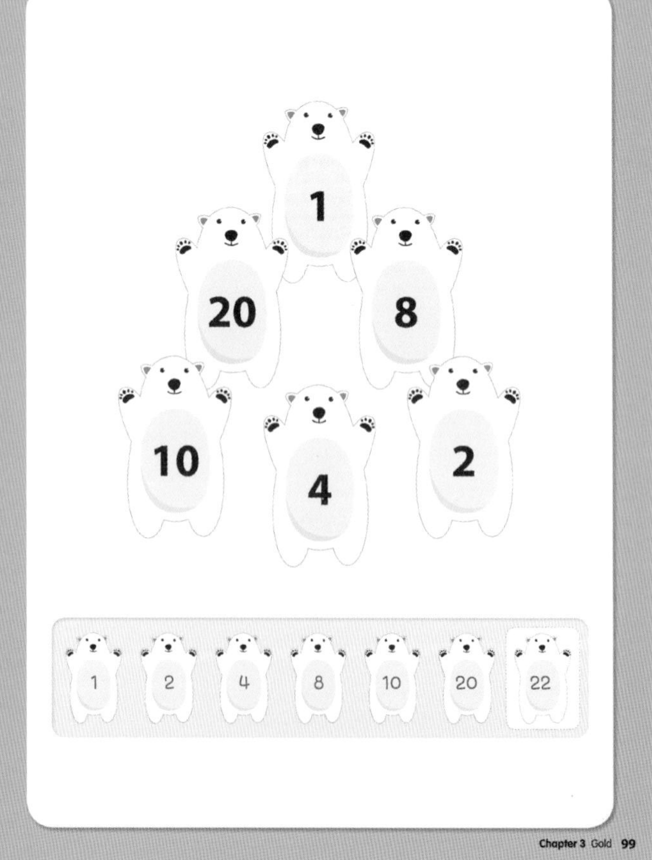

WORKBOOK 정답 및 해설

UNIT 01 과학 How Do We See Colors?

Subject Words 빈칸에 들어갈 알맞은 단어를 쓰세요.

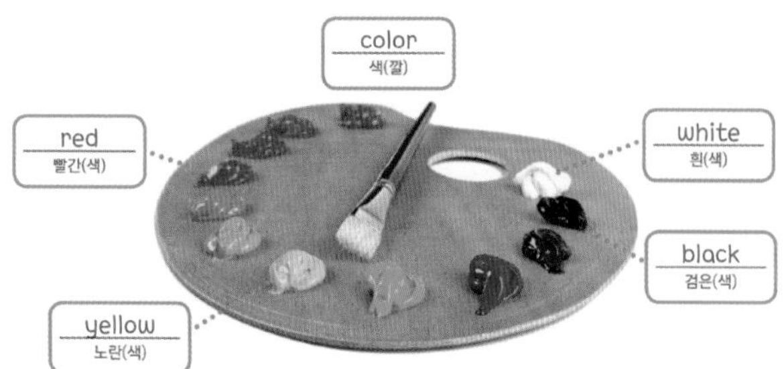

More Words 우리말에 맞도록 빈칸에 들어갈 알맞은 말을 보기에서 찾아 쓰세요.

보기	eyes	absorb	except	shines	reflect	reflections

1. Light __shines__ on things.
   빛은 물건들을 비춥니다.
2. Things __absorb__ or __reflect__ light.
   물건들은 빛을 흡수하거나 반사합니다.
3. Colors are __reflections__ of light.
   색들은 빛의 반사입니다.
4. Our __eyes__ see reflections of light.
   우리의 눈은 빛의 반사를 봅니다.
5. Apples absorb all light __except__ red light.
   사과는 빨간 빛을 제외한 모든 빛을 흡수합니다.

Grammar - Writing Link

의문형용사 what 어떤 ~, 무슨 ~

'what'은 '어떤 ~', '무슨 ~'이라는 뜻으로, 의문문에 쓰이는 의문사이면서 동시에 바로 뒤에 있는 명사를 꾸며주는 역할도 하는 의문형용사입니다.

Step 1 빈칸을 알맞게 채워 문장을 완성해 보세요.

1. 그 사과들은 어떤 색인가요?
   → __What__ color are the apples?
2. 그 바나나들은 어떤 색인가요?
   → __What__ color are the bananas?

Step 2 우리말 뜻에 맞게 괄호 안의 단어를 알맞은 순서로 배열해 보세요.

1. 당신은 어떤 노래를 부르고 싶나요? (what song, you, want, do, to sing)
   → __What song do you want to sing__?
2. 당신은 무슨 운동을 좋아하나요? (what sports, like, you, do)
   → __What sports do you like__?

Step 3 우리말 뜻에 맞게 주어진 단어를 사용해 문장을 만들어 보세요.

1. 그 탁자는 어떤 모양인가요? (the table, is, shape)
   → __What shape is the table__?
2. 당신은 어떤 계절을 좋아하나요? (season, like, you, do)
   → __What season do you like__?

UNIT 02 사회 Purple, the Royal Color

Subject Words 빈칸에 들어갈 알맞은 단어를 쓰세요.

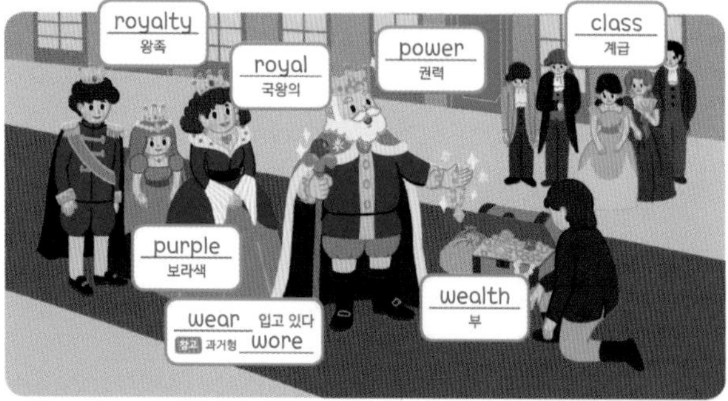

More Words 우리말에 맞도록 빈칸에 들어갈 알맞은 말을 보기에서 찾아 쓰세요.

보기	dye	mind	snail	widely	mystery	artificial

1. What comes to __mind__?
   마음 속에 무엇이 떠오르나요?
2. It may be royalty, power, or __mystery__.
   그것은 왕족, 권력, 또는 신비일지도 모릅니다.
3. Purple __dye__ comes from a type of sea __snail__.
   보라색 염료는 바다 달팽이의 한 종류로부터 나옵니다.
4. Later, people could make __artificial__ dyes.
   나중에 사람들은 인공 염료를 만들 수 있었습니다.
5. Purple became __widely__ used.
   보라색은 널리 사용되게 되었습니다.

Grammar - Writing Link

조동사 may ~일지도 모릅니다

'may'는 '~일지도 모릅니다'라는 뜻으로, 추측을 나타내는 조동사입니다. may 다음에는 반드시 동사원형을 씁니다.

Step 1 빈칸을 알맞게 채워 문장을 완성해 보세요.

1. 그것은 왕족, 권력, 또는 신비일지도 모릅니다.
   → It __may__ be royalty, power, or mystery.
2. 당신은 보라색 옷, 보라색 꽃, 또는 보라색 책을 볼지도 모릅니다.
   → You __may__ see purple clothes, purple flowers, or purple books.

Step 2 우리말 뜻에 맞게 괄호 안의 단어를 알맞은 순서로 배열해 보세요.

1. 그녀는 부유할지도 모릅니다. (may, rich, she, be)
   → __She may be rich__.
2. 그가 파티에 올지도 모릅니다. (come, he, the party, to, may)
   → __He may come to the party__.

Step 3 우리말 뜻에 맞게 주어진 단어를 사용해 문장을 만들어 보세요.

1. 그 소식은 사실일지도 모릅니다. (the news, true, be)
   → __The news may be true__.
2. 나는 오늘 밤에 영화를 보러 갈지도 모릅니다. (tonight, go to the movies, I)
   → __I may go to the movies tonight__.

UNIT 03 미술

The Three Primary Colors

Subject Words 빈칸에 들어갈 알맞은 단어를 쓰세요.

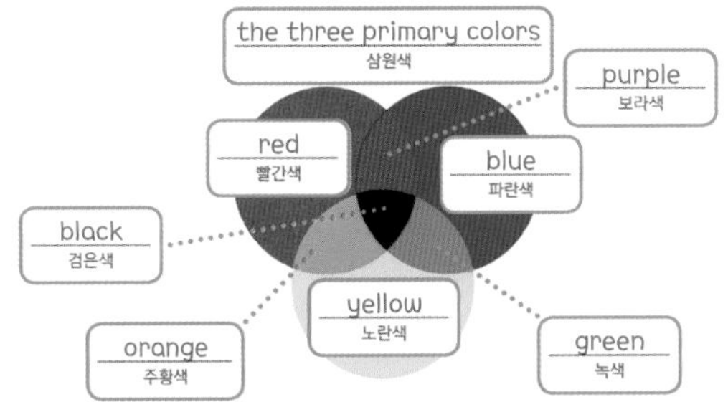

More Words 우리말에 맞도록 빈칸에 들어갈 알맞은 말을 보기에서 찾아 쓰세요.

보기 mixing create palette blends in fact magical

1. There are only three colors on Pablo's __palette__.
Pablo의 팔레트에는 단지 세 가지 색만 있습니다.
2. __In fact__, Pablo can make more colors from these three colors.
사실은, Pablo는 이 세 가지 색으로 더 많은 색을 만들 수 있습니다.
3. Pablo can make purple by __mixing__ red and blue together.
Pablo는 빨간색과 파란색을 함께 섞음으로써 보라색을 만들 수 있습니다.
4. If Pablo __blends__ all three colors together, he can make black.
만약 Pablo가 세 가지 색을 모두 함께 섞으면, 그는 검은색을 만들 수 있습니다.
5. Red, blue, and yellow are __magical__ colors.
빨간색, 파란색, 그리고 노란색은 마술적인 색입니다.
6. We can __create__ many other colors with red, blue, and yellow.
우리는 빨간색, 파란색, 노란색으로 많은 다른 색들을 만들어 낼 수 있습니다.

Grammar - Writing Link

by + 동사+ing ~함으로써

전치사 'by'의 뒤에 '동사+ing'를 쓰면 '~함으로써'라는 의미로, 수단과 방법을 나타내는 표현으로 쓰입니다.

Step 1 빈칸을 알맞게 채워 문장을 완성해 보세요.

1. Pablo는 빨간색과 파란색을 함께 섞음으로써 보라색을 만들 수 있습니다. (mix)
→ Pablo can make purple __by__ __mixing__ red and blue together.
2. Pablo는 빨간색과 노란색을 함께 섞음으로써 주황색을 만들 수 있습니다. (mix)
→ Pablo can make orange __by__ __mixing__ red and yellow together.

Step 2 우리말 뜻에 맞게 괄호 안의 단어를 알맞은 순서로 배열해 보세요.

1. 우리는 책을 읽음으로써 배웁니다. (learn, books, we, by reading)
→ We learn by reading books.
2. 독수리는 뱀을 먹음으로써 에너지를 얻습니다. (energy, snakes, eagles, by eating, get)
→ Eagles get energy by eating snakes.

Step 3 우리말 뜻에 맞게 주어진 단어를 사용해 문장을 만들어 보세요.

1. 우리는 잘 먹음으로써 건강을 유지합니다. (we, eat, keep, well, healthy)
→ We keep healthy by eating well.
2. 나는 영어 노래를 부름으로써 영어를 배웠습니다. (I, sing, learned, English songs, English)
→ I learned English by singing English songs.

UNIT 04 실과

Eating by Color

Subject Words 빈칸에 들어갈 알맞은 단어를 쓰세요.

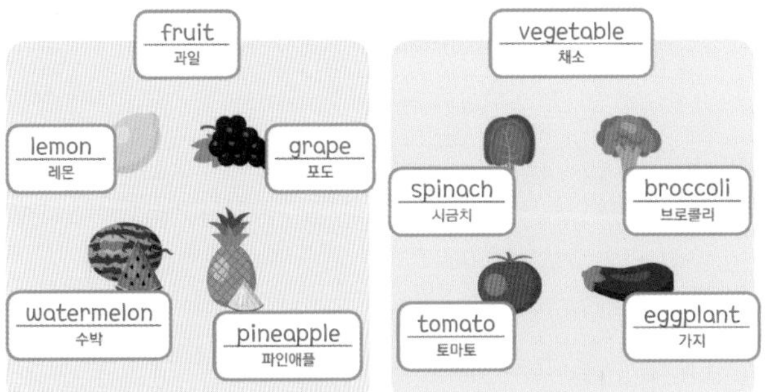

More Words 우리말에 맞도록 빈칸에 들어갈 알맞은 말을 보기에서 찾아 쓰세요.

보기 cells toxins cancer health prevent nutrients

1. Each color in fruits and vegetables has different __nutrients__.
과일들과 채소들의 각각의 색은 다른 영양소를 가집니다.
2. The nutrients are all good for our __health__.
그 영양소들은 모두 우리의 건강에 좋습니다.
3. Red foods can __prevent__ __cancer__.
레드 푸드는 암을 예방할 수 있습니다.
4. Green foods protect our body from __toxins__.
그린 푸드는 우리의 몸을 독소로부터 보호합니다.
5. Purple foods protect our __cells__.
퍼플 푸드는 우리의 세포를 보호합니다.

Grammar - Writing Link

keep + 명사(구) + 형용사 ~을 …한 상태로 유지합니다, ~을 (계속) …하게 합니다

동사 'keep' 뒤에 '명사(구)+형용사'가 오면 '~을 …한 상태로 유지합니다', '~을 (계속) …하게 합니다'라는 의미를 나타냅니다.

Step 1 빈칸을 알맞게 채워 문장을 완성해 보세요.

1. 레드 푸드는 우리의 심장을 건강하게 합니다. (healthy, our heart)
→ Red foods __keep__ __our__ __heart__ __healthy__.
2. 그린 푸드는 우리의 뼈를 튼튼하게 합니다. (strong, our bones)
→ Green foods __keep__ __our__ __bones__ __strong__.

Step 2 우리말 뜻에 맞게 괄호 안의 단어를 알맞은 순서로 배열해 보세요.

1. 당신의 방을 깨끗한 상태로 유지하세요. (your room, clean, keep)
→ Keep your room clean.
2. 그 지붕은 집을 계속 따뜻하게 합니다. (keeps, warm, the roof, the house)
→ The roof keeps the house warm.

Step 3 우리말 뜻에 맞게 주어진 단어를 사용해 문장을 만들어 보세요.

1. 학교 규칙들은 아이들을 안전하게 합니다. (the school rules, safe, children)
→ The school rules keep children safe.
2. 당신은 음식을 시원한 상태로 유지해야 합니다. (you, cool, the food, should)
→ You should keep the food cool.

UNIT 01 과학 What Makes Bread Soft?

Subject Words 빈칸에 들어갈 알맞은 단어를 쓰세요.

More Words 우리말에 맞도록 빈칸에 들어갈 알맞은 말을 보기에서 찾아 쓰세요.

보기 rises space basic fungus empty active

1. What are the basic ingredients of bread?
   빵의 기본 재료들은 무엇일까요?
2. The bread dough rises.
   빵 반죽이 부풉니다.
3. Yeast is a kind of fungus.
   이스트는 곰팡이의 한 종류입니다.
4. Yeast is active.
   이스트는 활동을 합니다.
5. The gas bubbles become the empty space in bread.
   그 기체 거품들은 빵 속의 비어 있는 공간이 됩니다.

Grammar - Writing Link

have to ~해야 합니다

'have to'는 '~해야 합니다'라는 뜻으로 의무, 필요를 나타내는 표현이에요. have to 뒤에는 반드시 동사원형을 씁니다.

Step 1 빈칸을 알맞게 채워 문장을 완성해 보세요.

1. 부드러운 빵을 위해서, 당신은 한가지 재료를 더 더해야 합니다.
   → For soft bread, you have to add one more ingredient.
2. 당신은 이스트를 더해야 합니다.
   → You have to add yeast.

Step 2 우리말 뜻에 맞게 괄호 안의 단어를 알맞은 순서로 배열해 보세요.

1. 당신은 당신의 손을 닦아야 합니다. (you, have to, your hands, wash)
   → You have to wash your hands.
2. 나는 내 숙제를 해야 합니다. (do, have to, my homework, I)
   → I have to do my homework.

Step 3 우리말 뜻에 맞게 주어진 단어를 사용해 문장을 만들어 보세요.

1. 당신은 여기서 기다려야 합니다. (you, here, wait)
   → You have to wait here.
2. 우리는 자연을 보호해야 합니다. (protect, we, the environment)
   → We have to protect the environment.

UNIT 02 사회 Breads from Around the World

Subject Words 빈칸에 들어갈 알맞은 단어를 쓰세요.

More Words 우리말에 맞도록 빈칸에 들어갈 알맞은 말을 보기에서 찾아 쓰세요.

보기 baked crispy fried inside pastries rings

1. Doughnuts are fried bread from the Netherlands.
   도넛은 네덜란드에서 온 튀긴 빵입니다.
2. Doughnuts look like rings.
   도넛은 고리처럼 보입니다.
3. Pretzels are baked bread from Germany.
   프레첼은 독일에서 온 구운 빵입니다.
4. Croissants are pastries from Austria.
   크루아상은 오스트리아에서 온 가루 반죽 파이입니다.
5. Croissants are crispy on the outside.
   크루아상은 겉이 바삭바삭합니다.
6. Croissants are soft on the inside.
   크루아상은 안쪽이 부드럽습니다.

Grammar - Writing Link

taste + 형용사 ~한 맛이 납니다

'taste'는 '~한 맛이 납니다'라는 뜻의 동사로, 뒤에는 맛을 설명하는 sweet(달콤한), good(좋은), salty(짠), sour(신) 등의 형용사를 씁니다.

Step 1 빈칸을 알맞게 채워 문장을 완성해 보세요.

1. 도넛은 달콤한 맛이 납니다.
   → Doughnuts taste sweet.
2. 프레첼은 소금과 함께 좋은 맛이 납니다.
   → Pretzels taste good with salt.

Step 2 우리말 뜻에 맞게 괄호 안의 단어를 알맞은 순서로 배열해 보세요.

1. 레몬은 신맛이 납니다. (sour, a lemon, tastes)
   → A lemon tastes sour.
2. 그 수프는 짠맛이 납니다. (the soup, salty, tastes)
   → The soup tastes salty.

Step 3 우리말 뜻에 맞게 주어진 단어를 사용해 문장을 만들어 보세요.

1. 그 쿠키는 달콤한 맛이 납니다. (the cookies, sweet)
   → The cookies taste sweet.
2. 그 사과는 좋은 맛이 납니다. (the apple, good)
   → The apple tastes good.

UNIT 03 미술

Painter's Bread

Subject Words 빈칸에 들어갈 알맞은 단어를 쓰세요.

More Words 우리말에 맞도록 빈칸에 들어갈 알맞은 말을 보기에서 찾아 쓰세요.

보기 baker upset butter mistake bakery brown ruined

1. There was a bakery in a small town.
작은 도시에 한 빵집이 있었습니다.
2. One was white bread made without butter.
하나는 버터 없이 만들어진 흰 빵이었습니다.
3. The baker gave the painter brown bread.
제빵사는 화가에게 갈색 빵을 주었습니다.
4. The painter was very upset.
화가는 매우 마음이 상했습니다.
5. "You ruined my painting."
"당신이 내 그림을 망쳤습니다."
6. "It was my mistake."
"그것은 나의 실수였습니다."

Grammar - Writing Link

명사 + 과거분사(구) ~해진, ~된

과거분사는 명사의 앞이나 뒤에서 명사를 꾸며주는 역할을 합니다. 이때, '~해진', '~된'이라는 의미를 나타냅니다.

Step 1 빈칸을 알맞게 채워 문장을 완성해 보세요.

1. 하나는 버터 없이 만들어진 흰 빵이었습니다. (make)
→ One was white bread made without butter.
2. 다른 하나는 버터를 넣고 만들어진 갈색 빵이었습니다. (make)
→ The other was brown bread made with butter.

Step 2 우리말 뜻에 맞게 괄호 안의 단어를 알맞은 순서로 배열해 보세요.

1. 나는 무지개색으로 칠해진 가방이 있습니다. (rainbow colors, a bag, have, I, painted in)
→ I have a bag painted in rainbow colors.
2. 어떤 유명한 건축가에 의해 지어진 탑이 있습니다. (a famous architect, there is, a tower, by, built)
→ There is a tower built by a famous architect.

Step 3 우리말 뜻에 맞게 주어진 단어를 사용해 문장을 만들어 보세요.

1. 그것은 나의 어머니에 의해 쓰여진 책입니다. (write, by my mother, it, a book, is)
→ It is a book written by my mother.
2. 이곳은 학생들에 의해 만들어진 정원입니다. (make, this, a garden, is, by students)
→ This is a garden made by students.

UNIT 04 수학

Why Are Pizzas Round?

Subject Words 빈칸에 들어갈 알맞은 단어를 쓰세요.

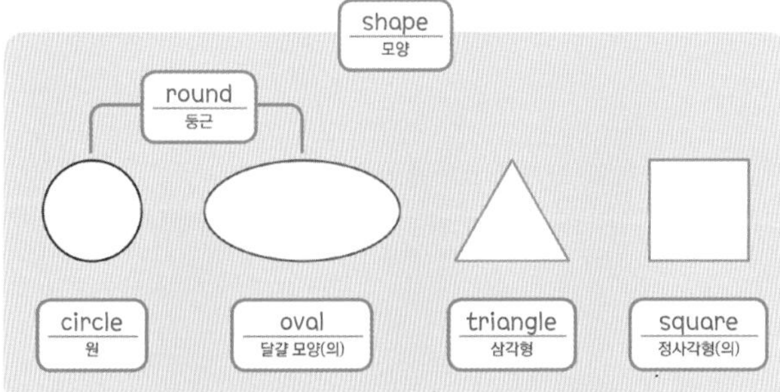

More Words 우리말에 맞도록 빈칸에 들어갈 알맞은 말을 보기에서 찾아 쓰세요.

보기 toppings heat efficient equal evenly cut ~ into ...

1. Circles are efficient.
원은 효율적입니다.
2. I can put more toppings on round dough.
나는 둥근 반죽에 더 많은 토핑을 올릴 수 있습니다.
3. I can heat the round pizza evenly.
나는 둥근 피자를 고르게 데울 수 있습니다.
4. I can cut the round pizza into equal pieces.
나는 둥근 피자를 같은 조각들로 나눌 수 있습니다.

Grammar - Writing Link

주어로 쓰이는 동명사 ~하기, ~하는 것

동사원형 뒤에 ing를 붙여서 만든 동명사는 명사처럼 주어로 쓰일 수 있어요. 동명사 주어는 '~하기', '~하는 것'이라고 해석하고 단수로 취급합니다.

Step 1 빈칸을 알맞게 채워 문장을 완성해 보세요.

1. 반죽을 던져 공중에서 돌리는 것은 그것을 둥글게 만듭니다. (spin)
→ Just spinning dough in the air makes it round.
2. 다른 모양을 만드는 것은 더 많은 시간이 걸립니다. (make)
→ Making other shapes takes more time.

Step 2 우리말 뜻에 맞게 괄호 안의 단어를 알맞은 순서로 배열해 보세요.

1. TV 보기는 재미있습니다. (fun, watching, is, TV)
→ Watching TV is fun.
2. 밤에 사탕을 먹는 것은 좋지 않습니다. (is, at night, eating, not, candy, good)
→ Eating candy at night is not good.

Step 3 우리말 뜻에 맞게 주어진 단어를 사용해 문장을 만들어 보세요.

1. 물을 마시는 것은 중요합니다. (drink, is, water, important)
→ Drinking water is important.
2. 오래된 동전을 모으는 것은 흥미롭습니다. (interesting, old coins, is, collect)
→ Collecting old coins is interesting.

UNIT 01 과학

Gold and Copper

Subject Words 빈칸에 들어갈 알맞은 단어를 쓰세요.

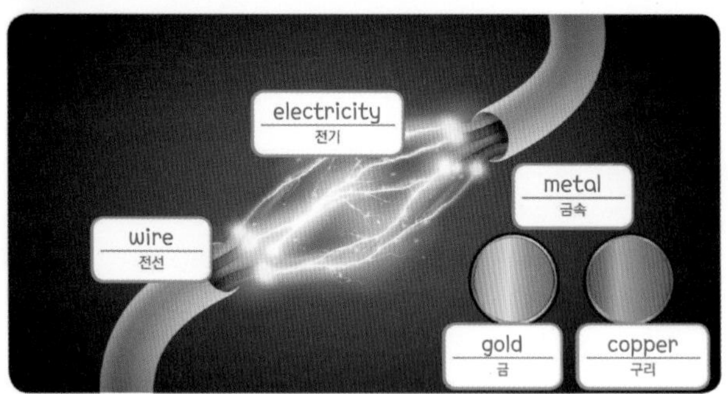

More Words 우리말에 맞도록 빈칸에 들어갈 알맞은 말을 보기 에서 찾아 쓰세요.

보기 flows watch usually expensive computer conducts

1. You can __watch__ TV.
   당신은 TV를 볼 수 있습니다.
2. You can play games on your __computer__.
   당신은 당신의 컴퓨터로 게임을 할 수 있습니다.
3. Electricity easily __flows__ through most metals.
   전기는 대부분의 금속을 통해 쉽게 흐릅니다.
4. We __usually__ use copper for wires.
   우리는 보통 전선으로 구리를 사용합니다.
5. Copper __conducts__ electricity well.
   구리는 전기를 잘 전도합니다.
6. Gold is much more __expensive__ than copper.
   금은 구리보다 훨씬 더 비쌉니다.

Grammar - Writing Link

much + 비교 표현 훨씬 더 ~한

비교 표현 앞에 'much'를 쓰면 '훨씬 더 ~한'이라는 의미로 비교 표현을 강조할 수 있어요. much 대신에 even, far 등으로 바꿔쓸 수 있습니다.

Step 1 빈칸을 알맞게 채워 문장을 완성해 보세요.

1. 금은 구리보다 훨씬 더 비쌉니다. (more expensive)
   → Gold is __much__ __more__ __expensive__ than copper.
2. 금은 구리보다 훨씬 더 희귀합니다. (rarer)
   → Gold is __much__ __rarer__ than copper.

Step 2 우리말 뜻에 맞게 괄호 안의 단어를 알맞은 순서로 배열해 보세요.

1. 내 가방이 당신의 가방보다 훨씬 더 큽니다. (much, yours, is, bigger, my bag, than)
   → My bag is much bigger than yours.
2. 나에게 중국어가 일본어보다 훨씬 더 어렵습니다. (Chinese, Japanese, more difficult, for me, even, is, than)
   → For me, Chinese is even more difficult than Japanese.

Step 3 우리말 뜻에 맞게 주어진 단어를 사용해 문장을 만들어 보세요.

1. 남극은 북극보다 훨씬 더 춥습니다. (the Arctic, the Antarctic, colder, is, than)
   → The Antarctic is much colder than the Arctic.
2. 나의 부모님의 방이 나의 방보다 훨씬 더 큽니다. (larger, my room, my parents' room, is, than)
   → My parents' room is much larger than my room.

UNIT 02 사회

Finding a Solution with Gold

Subject Words 빈칸에 들어갈 알맞은 단어를 쓰세요.

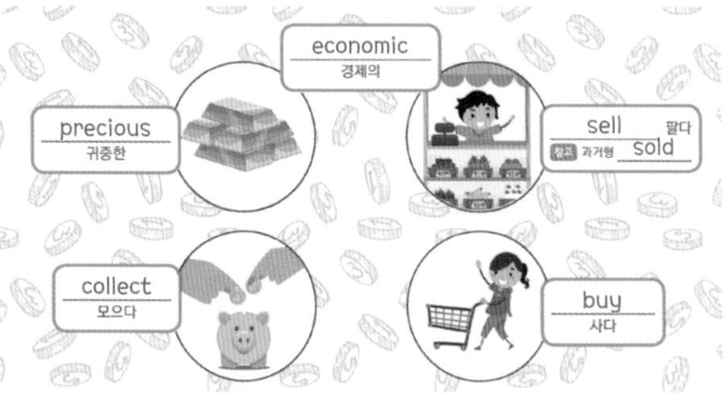

More Words 우리말에 맞도록 빈칸에 들어갈 알맞은 말을 보기 에서 찾아 쓰세요.

보기 players jewelry difficulty overcome solution medals

1. In 1997, Korea had economic __difficulty__.
   1997년, 한국은 경제적인 어려움을 겪었습니다.
2. We thought gold could be a __solution__.
   우리는 금이 해결책일 수 있다고 생각했습니다.
3. We sold our __jewelry__.
   우리는 우리의 보석류를 팔았습니다.
4. Some sports __players__ sold their gold __medals__.
   어떤 운동 선수들은 그들의 금메달을 팔았습니다.
5. We made an effort together to __overcome__ our country's difficulty.
   우리는 우리나라의 어려움을 극복하기 위해 함께 노력했습니다.

Grammar - Writing Link

to 부정사 ~하기 위해

'~하기 위해'는 영어로 동사원형 앞에 to를 써서 표현할 수 있어요. 우리는 이런 'to+동사원형'을 to 부정사라고 부릅니다.

Step 1 빈칸을 알맞게 채워 문장을 완성해 보세요.

1. 우리는 다른 나라에 팔기 위해 금을 모았습니다. (sell)
   → We collected gold __to__ __sell__ it to other countries.
2. 우리는 우리나라의 어려움을 극복하기 위해 함께 노력했습니다. (overcome)
   → We made an effort together __to__ __overcome__ our country's difficulty.

Step 2 우리말 뜻에 맞게 괄호 안의 단어를 알맞은 순서로 배열해 보세요.

1. 나는 책을 사기 위해 서점에 갈 것입니다. (I, a book, go to, to buy, the bookstore, will)
   → I will go to the bookstore to buy a book.
2. Helen은 의사가 되기 위해 열심히 공부했습니다. (Helen, a doctor, studied, to become, hard)
   → Helen studied hard to become a doctor.

Step 3 우리말 뜻에 맞게 주어진 단어를 사용해 문장을 만들어 보세요.

1. Sarah는 한국어를 배우기 위해 한국에 왔습니다. (Sarah, Korean, learn, Korea, came to)
   → Sarah came to Korea to learn Korean.
2. 나는 축구 경기를 보기 위해 오전 4시에 일어났습니다. (I, at 4 a.m., the soccer game, woke up, watch)
   → I woke up at 4 a.m. to watch the soccer game.

UNIT 03 미술

Klimt's Golden Paintings

Subject Words 빈칸에 들어갈 알맞은 단어를 쓰세요.

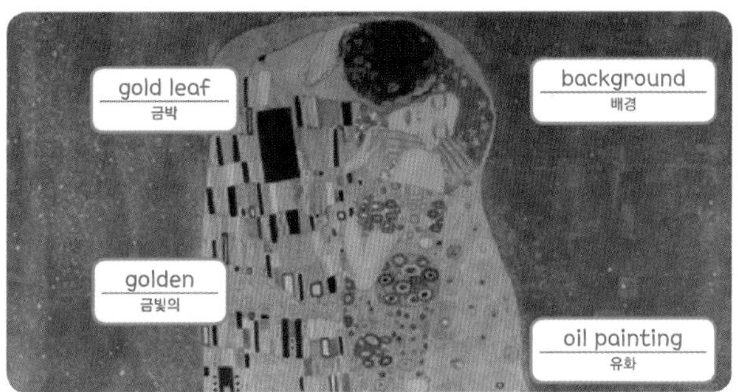

More Words 우리말에 맞도록 빈칸에 들어갈 알맞은 말을 보기에서 찾아 쓰세요.

보기 cheek engraver hugging couple handle kissing

1. There is a couple.
   두 사람이 있습니다.
2. The man is hugging the woman.
   남자가 여자를 껴안고 있습니다.
3. The man is kissing the woman on the cheek.
   남자가 여자의 볼에 입을 맞추고 있습니다.
4. Klimt's father was a gold engraver.
   클림트의 아버지는 금 조각사였습니다.
5. Klimt learned how to handle gold.
   클림트는 금을 다루는 방법을 배웠습니다.

Grammar · Writing Link

be famous for ~ ~로 유명합니다

'be famous for ~'는 '~로 유명합니다'라는 의미로, for 뒤에는 명사(구)나 동명사를 씁니다.

Step 1 빈칸을 알맞게 채워 문장을 완성해 보세요.

1. 클림트는 그의 그림에 금을 사용하는 것으로 유명합니다.
   → Klimt is famous for using gold in his paintings.
2. 클림트는 많은 여성들을 그린 것으로 유명합니다.
   → Klimt is famous for painting many women.

Step 2 우리말 뜻에 맞게 괄호 안의 단어를 알맞은 순서로 배열해 보세요.

1. 그 섬은 멋진 해변으로 유명합니다. (the island, nice beaches, is famous for)
   → The island is famous for nice beaches.
2. 그녀는 어린이 책을 쓴 것으로 유명합니다. (children's books, is famous for, she, writing)
   → She is famous for writing children's books.

Step 3 우리말 뜻에 맞게 주어진 단어를 사용해 문장을 만들어 보세요.

1. 파리는 에펠탑으로 유명합니다. (Paris, the Eiffel Tower)
   → Paris is famous for the Eiffel Tower.
2. 그는 많은 사람들을 도운 것으로 유명합니다. (helping, he, many people)
   → He is famous for helping many people.

UNIT 04 수학

The King's Gold

Subject Words 빈칸에 들어갈 알맞은 단어를 쓰세요.

More Words 우리말에 맞도록 빈칸에 들어갈 알맞은 말을 보기에서 찾아 쓰세요.

보기 asked share least decided quarter rest

1. The king decided to give the gold to his sons.
   왕은 그의 아들들에게 금을 주기로 결정했습니다.
2. The king asked his sons, "How much gold do you want?"
   왕은 그의 아들들에게 "너는 얼마의 금을 원하느냐?"라고 물었습니다.
3. The second-oldest son wanted a quarter of the gold.
   둘째 아들은 금의 4분의 1을 원했습니다.
4. "We will share the rest of the gold."
   "우리는 금의 나머지를 나누겠습니다."
5. "I want to give this gold to the one with the least gold."
   "나는 이 금을 가장 적은 금을 가진 이에게 주고 싶다."

Grammar · Writing Link

How much ~? 얼마의 ~?

금이나 시간, 돈 등의 양을 물을 때는 'How much ~?'를 써서 '얼마의 ~?' 의미로 표현할 수 있어요.

Step 1 빈칸을 알맞게 채워 문장을 완성해 보세요.

1. 너는 얼마의 금을 원하느냐?
   → How much gold do you want?
2. 각 아들은 얼마의 금을 가지고 있을까요?
   → How much gold does each son have?

Step 2 우리말 뜻에 맞게 괄호 안의 단어를 알맞은 순서로 배열해 보세요.

1. 우리는 얼마의 돈이 있나요? (we, have, how much, do, money)
   → How much money do we have?
2. 당신은 얼마의 시간이 필요한가요? (need, time, you, do, how much)
   → How much time do you need?

Step 3 우리말 뜻에 맞게 주어진 단어를 사용해 문장을 만들어 보세요.

1. 그녀는 얼마의 돈을 지불했나요? (pay, money, she, did)
   → How much money did she pay?
2. 당신은 설탕을 얼마나 원하나요? (sugar, you, want, do)
   → How much sugar do you want?

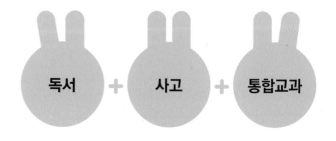